# 哈佛家訓

（II）

威廉・貝納德◎著　張玉◎譯

# 序言

《哈佛家訓》是我送給兒子和女兒的一份特殊的人生禮物。我深切地感到，父母不僅要用牛奶和麵包將子女養大，在他們成長的過程中，我們還要及時用完美的思想薰陶他們的靈魂。

子女是父母愛情的結晶。生下他們，並不只是讓我們得到做父母的愉悅，更重要的是讓我們去教導他們，用正確的人生觀念啓迪他們，使他們眞正成爲人類智慧的菁英，成爲大地上生命的強者。我們要擔負起這個責任，應該好好去履行做父母的職責。

幾乎所有的年輕人都渴望擁有成功的人生。然而，他們中的一些人因爲缺少正確的指導，往往事倍功半，甚至不小心誤入歧途。青少年時期形成的觀念，會以不同的方式影響一個人的一生，所以，在人生開始的時候，應該讓他們接受高尚的思想，修煉優良的操行，形成健康的習慣。

《哈佛家訓》中的每個故事都具有豐富的教育功能和深刻的生活意義，不僅可以激發青少年對社會、人生進行多角度的思考，還可以點燃他們內心深處的智慧火花，使他們見微知著，從一滴水看見大海，由一縷陽光洞見整個宇宙。

這是一部教子課本，也是一部成人的修身指南。許多望子成龍的人，總是認爲孩子應該這樣做或那樣做，他們自己卻經常背道而馳。父母覺得自己比孩子高明，但事實並非如此。如果我們沒有比孩子們做得更好，我們至少應該和他們一起成長。

所有閱讀這本書的讀者——無論是涉世未深的青少年，還是經歷過世事風雨的成年人，如果因爲這本書中的某一個故事或者是某一句話而改變了人生，從而使自己由平庸變得非凡，從失敗走向成功，那我就感到心滿意足了。

威廉・貝納德

二〇〇四年二月於紐約

# 目錄

## 心理

## 智慧

# 目錄

## 創意

目錄





## 勇氣

### 正直無畏的面對　135

## 覺悟

目錄

# 心理
## 撫摸意念的手指

貝納德夫人，我不認爲你這樣做是明智之舉。應該讓孩子自己擊球，你要相信他有能力這樣做。如果什麼事都由父母代替，他什麼時候能夠自己成長？

# 貓爲什麼喜歡陽光

斐塞司博士有一天午飯後坐在門前曬太陽，看見一隻貓在陽光下安詳地打著盹，很是悠閒。

時間一分一分地流走，每隔一段時間，貓都會隨著陽光的轉移而不停地變換睡覺的場地。這一切在我們看來是那樣的司空見慣，可是貓喚起了斐塞司博士的好奇。

貓爲什麼喜歡待在陽光下呢？

貓喜歡待在陽光下，那麼這說明光和熱對牠一定是有益的。那對人呢？對人是不是也同樣有益？這個想法在斐塞司的腦子裡閃了一下。

這個一閃而過的想法，成爲聞名世界「日光療法」的觸發點。之後不久，日光療法便在世界上誕生了。斐塞司博士因此獲得諾貝爾醫學獎。

如果我們家的院裡也有這麼一隻睡懶覺的貓，我們也看到牠一次次

地趨近陽光，我們是不是能像斐塞司博士那樣去想問題呢？

一九一〇年，德國科學家魏格納因病臥床休息。在閒得無聊的時間裡，他茫然地看著牆上懸掛的一張世界地圖。一天，他突然發現，大西洋兩岸的地形好像是互動的，南美大陸東部亞瑪遜河流域地區突出的部分，與非洲大陸西海岸的剛果、幾內亞陷入的部分正好對應，可以把它們完全拼合在一起。

這個發現讓魏格納興奮不已，這兩個大陸是不是原先就是連在一起的？如果是的話，那又是什麼原因使它們分開了？

魏格納立即著手收集大量的地質學、古生物學資料，終於推出了一個嶄新的理論：大陸板塊漂移說。

為什麼每天都有許多人在看世界地圖，而只有魏格納得出了大陸板塊漂移說？有些人幾乎天天見到貓曬太陽，可為什麼只有斐塞司一人發現了日光療法呢？道理很簡單，在很多時候，天才和普通人想問題的方式沒什麼區別，只是他們往往會多想一步，讓思維拐個彎。

# 你遭遇過一千八百四十九次拒絕嗎

美國，一位窮困潦倒的年輕人，即使身上全部的錢加起來都不夠買一件像樣西服的時候，仍全心全意地堅持著自己心中的夢想。他想做演員，拍電影，當明星。

當時，好萊塢有五百家電影公司，他根據自己劃定的路線與排列好的名單順序，帶著自己寫好的、量身訂做的劇本前去一一拜訪。但第一遍下來，所有的五百家電影公司沒有一家願意聘用他。

面對百分之百的拒絕，這位年輕人沒有灰心，從最後一家被拒絕的電影公司出來之後，他又回去從第一家開始，繼續他的第二輪拜訪與自我推薦。

在第二輪拜訪中，他仍然遭到了五百次拒絕。

第三輪的拜訪結果仍與第二輪相同。這位年輕人咬牙開始他的第四次行動。當他拜訪完第三百四十九家後，第三百五十家電影公司的老闆破天荒地答應讓他留下劇本先看一看。

幾天後，年輕人獲得通知，請他前去詳細商談。

就在這次商談中，這家公司決定投資開拍這部電影，並請這位年輕人擔任男主角。

這部電影名叫《洛基》。這位年輕人叫席維斯・史特龍。

翻開任何一部電影史，這部叫《洛基》的電影與這個日後紅遍全世界的巨星都榜上有名。

你有勇氣迎接一千八百四十九次拒絕嗎？你經歷過一千八百四十九次拒絕嗎？如果沒有，就不要說：好運為何不在我身上降臨？

# 高斯的正十七邊形

一七九六年的一天，德國哥廷根大學，一個很有數學天賦的十九歲青年吃完晚飯，開始做導師單獨給他的每天例行的三道數學題。

前兩道題在兩個小時內就順利完成了。第三道題寫在另一張小紙條上：要求只用圓規和一把沒有刻度的直尺，畫出一個正十七邊形。

他感到非常吃力。時間一分一秒地過去了，第三道題竟毫無進展。這位青年絞盡腦汁，但他發現，自己學過的所有數學知識似乎對解開這道題都沒有任何幫助。

困難反而激起了他的鬥志：我一定要把它做出來！他拿起圓規和直尺，他一邊思索一邊在紙上畫著，嘗試著用一些超常規的思路去尋求答案。

當窗口露出曙光時，青年長舒了一口氣，他終於完成了這道難題。

見到導師時，青年有些內疚和自責。他對導師說：「您給我的第三道題，我竟然做了整整一個通宵，我辜負了您對我的栽培……」

導師接過學生的作業一看，當即驚呆了。他用顫抖的聲音對青年說：「這是你自己做出來的嗎？」青年有些疑惑地看著導師，回答道：「是我做的。但是，我花了整整一個通宵。」

導師請他坐下，取出圓規和直尺，在書桌上鋪開紙，讓他當著自己的面再做出一個正十七邊形。

青年很快做出了一個正十七邊形。導師激動地對他說：「你知不知道？你解開了一樁有兩千多年歷史的數學懸案！阿基米德沒有解決，牛頓也沒有解決，你竟然一個晚上就解出來了。你是一個眞正的天才！」

原來，導師也一直想解開這道難題。那天，他是因爲失誤，才將寫有這道題目的紙條交給了學生。

每當這位青年回憶起這一幕時，總是說：「如果有人告訴我，這是一道有兩千多年歷史的數學難題，我可能永遠也沒有信心將它解出來。」

這位青年就是數學王子高斯。

有些事情，在不清楚它到底有多難時，我們往往能夠做得更好！

由此看來，真正的困難並不是困難本身，而是我們對困難的畏懼。

# 青春不是年華

日本許多商界要人，都喜愛一篇短短的散文，散文的題目叫《青春》，作者塞繆爾．厄爾曼。

此人一八四〇年生於德國，兒時隨家人移居美利堅，參加過南北戰爭，之後定居伯明罕，經營五金雜貨，年逾七十開始寫作。

《青春》一文，僅寥寥四百字：

青春不是年華，而是心境；青春不是桃面、丹唇、柔膝，而是深沉的意志、恢宏的想像、熾熱的感情；青春是生命的深泉湧流。

青春氣貫長虹，勇銳蓋過怯弱，進取壓倒苟安。如此銳氣，二十後生有之，六旬男子則更多見。年歲有加，並非垂老；理想丟棄，方墮暮年。

歲月悠悠，衰微只及肌膚；熱忱拋卻，頹唐必致靈魂。憂煩、惶

恐、喪失自信，定使心靈扭曲，意氣如灰。

無論年屆花甲，抑或二八芳齡，心中皆有生命之歡樂，奇蹟之誘惑，孩童般天眞久盛不衰。

人的心靈應如浩渺瀚海，只有不斷接納美好、希望、歡樂、勇氣和力量的百川，才能青春永駐、風華長存。

一旦心海枯竭，銳氣便被冰雪覆蓋，玩世不恭、自暴自棄油然而生，即便年方二十，實已垂垂老矣；然則只要虛懷若谷，讓喜悅、達觀、仁愛充盈其間，你就有望在八十高齡告別塵寰時仍覺年輕。

此文一出，不脛而走，以至代代相傳。二戰期間，麥克阿瑟與日軍角逐於太平洋時，將此文鑲於鏡框，擺在寫字臺上，以資自勉。日本戰敗，此文由東京美軍總部傳出，有人將它灌成錄音帶，廣爲銷售；甚至有人把它揣在衣兜裡，隨時研讀。

多年後，厄爾曼之孫、美國電影發行協會主席喬納斯．羅森菲爾德訪問日本，席間談及《青春》一文，一位與宴者隨手掏出《青春》，恭敬地說：「乃翁文章，鄙人總不離身。」主客皆萬分感動。

一九八八年，日本數百名流聚會東京、大阪，紀念厄爾曼的這篇文章。松下電器公司元老松下幸之助感慨的說：「二十年來，《青春》與我朝夕相伴，它是我的座右銘。」歐洲一位政界名宿也極力推薦：「無論男女老幼，要想活得風光，就得拜讀《青春》。」

厄爾曼並非哲人，名不見經傳，但《青春》一文，卻撥動了不少人的心弦，使人如聽晨鐘，如聞暮鼓，朝夕自警自策。只因為它真正說出了關於青春的秘密。

# 黃金的距離

有一則故事曾在世界各地的淘金者中廣爲傳誦。這個故事有著一個極其動聽的名字，叫做「黃金距離三英寸」。

幾十年前，家住馬里蘭州的達比和他叔叔一起到遙遠的美國西部去淘金，他們手握鶴嘴鎬和鐵鍬不停地挖掘，幾個星期後，終於驚喜地發現了金燦燦的礦石。於是，他們悄悄將礦井掩蓋起來，回到家鄉的威廉堡，籌集大筆資金購買採礦設備。

不久，淘金的事業便如火如荼地開始了。當採掘的首批礦石運往冶煉廠時，專家們斷定，他們遇到的可能是美國西部羅拉地區藏量最大的金礦之一。達比僅僅只用了幾車礦石，便很快將所有的投資全部收回。

讓達比萬萬沒有料到的是，正當他們的希望在不斷膨脹的時候，奇怪的事發生了：金礦的礦脈突然消失！儘管他們繼續拼命地鑽探，試圖重

新找到金礦石，但一切終歸徒勞，好像上帝有意要和達比開一個巨大的玩笑，讓他的美夢成爲泡影。萬般無奈之際，他們不得不忍痛放棄了幾乎要使他們成爲新一代富豪的礦井。

接著，他們將全套機器設備賣給了當地一個收購廢舊品的商人，帶著滿腹遺憾回到了家鄉威廉堡。

就在他們剛剛離開後的幾天裡，收廢品的商人突發奇想，決計去那口廢棄的礦井碰碰運氣，爲此，他還專門請來一名採礦工程師。只做了一番簡單的測算，工程師便指出，前一輪工程失敗的原因，是由於業主不熟悉金礦的斷層線。考察結果表明，更大的礦脈距離達比停止鑽探的地方只有三英寸！

故事的結果是，達比終其一生只是一名收入僅夠養家的小農場主，而這位從事廢品收購的小商人，終於成爲西部巨富。

達比雖然付出了最大的努力，但他獲取的卻是羅拉地區最大金礦的一個小小支脈；收廢品的商人雖然只花費了很小的代價，卻透過一口廢棄的礦井而成功地擁有了最大金礦的全部。

前者是一種命運，後者也是一種命運。這兩種截然不同的命運背後，原本暗藏著一次完全相同的機遇。不同的是，面對「失敗」和「不可能」，一個輕易放棄了，而另一個卻敢於去嘗試一次。

記住這句話：黃金距離三英寸。世上的很多「不可能」都是一種考驗人的表象，只有大膽的「嘗試」可以改變它。

# 你的意念能跳多高

布勃卡是舉世聞名的奧運會撐竿跳冠軍，享有「撐竿跳沙皇」的美譽。他曾三十五次創造撐竿跳世界紀錄，所保持的兩項世界紀錄，迄今無人打破。

在參加「國家勛章」的授勛典禮上，記者們紛紛提問：「你成功的秘訣是什麼？」

布勃卡微笑著說：「很簡單，每次撐竿跳之前，我先讓自己的意念『跳』過橫竿。」

作爲一名撐竿跳選手，有一段日子，儘管布勃卡不斷嘗試新的高度，但每次都以失敗告終。他苦惱過、沮喪過，甚至懷疑過自己的潛力。

有一天，他來到訓練場，禁不住搖頭對教練說：「我實在跳不過去。」

教練平靜地問：「你是怎麼想的？」

布勃卡如實回答：「只要踏上起跳線，一看清那根高懸的橫竿，心裡就害怕。」

教練看著他，突然厲聲喝道：「布勃卡，你現在要做的就是閉上眼睛，先讓你的意念從標竿上『跳』過去。」

教練的訓斥，讓布勃卡如夢初醒。遵從教練的吩咐，他重新撐竿。這一次，他順利地躍身而過。

教練欣慰地笑了，語重心長地說：「記住，先將你的意念從標竿上『跳』過去，你的身體就一定會跟著過去。」

突破心靈障礙，才能超越自己。如果你的意念屈服了，那麼你可能真的就不行。

著名的鋼鐵大王卡耐基經常提醒自己的一句箴言是：我想贏，我一定能贏。結果他真的贏了。

# 拿破崙最後的失敗

滑鐵盧戰役是拿破崙一生最後的失敗嗎？

不是。拿破崙的最後失敗是敗在一枚棋子上。

滑鐵盧失敗後，拿破崙被終身流放到聖赫勒拿島。他在島上過著十分艱苦而無聊的生活。一位密友聽說此事，透過秘密方式贈給拿破崙一件珍貴的禮物——一副象棋。

這是一副用象牙和軟玉製成的國際象棋，拿破崙對它愛不釋手。在非常寂寞時，他就一個人默默地下棋，藉以打發時光，直到死去。

拿破崙死後，那副象棋被多次以高價轉手拍賣。

在一次偶然的機會中人們發現，這副象棋中一枚棋子的底部可以打開。當它被打開後，一個驚人的秘密被發現了：棋子裡藏有一張手繪的地圖，上面詳細標注著如何從聖赫勒拿島逃出的路徑。

可惜的是，拿破崙自始至終都沒有想到過逃跑，所以也沒有領悟到朋友的用心良苦，也就沒有在玩樂中發現這一奧秘。

這恐怕是拿破崙一生中最大的失敗。

拿破崙一生轉戰南北，心機算盡，用許多常人料想不到的方法，征服了一個個國家。但是他怎麼也沒有想到，最後竟然死在了常規思維上。如果他用作戰的方法思考一下象棋解除寂寞之外的用意，很可能就會發現象棋中巨大的秘密。

也許我們的推斷根本就是錯誤的。拿破崙的失敗並不在於他沒有使用超常的思維來對待這副象棋，其實，他失敗的根本原因是——他根本沒想到能逃跑！如果他想到了，即使沒有這副象棋，心計萬千的拿破崙同樣可以有別的辦法。

# 永遠都坐前排

二十世紀三〇年代，在英國一個不出名的小城裡，有一個叫瑪格麗特的小姑娘。瑪格麗特自小就受到嚴格的家庭教育，父親經常向她灌輸這樣的觀點：無論做什麼事情都要力爭一流，永遠走在別人前面，而不落後於人，「即使在坐公共汽車時，你也要永遠坐在前排」。父親從來不允許她說「我不能」或者「太困難」之類的話。

對年幼的孩子來說，父親的要求可能太高了，但他的教育在以後的年月裡證明是非常寶貴的。正是因爲從小就受到父親的「殘酷」教育，才培養了瑪格麗特積極向上的決心和信心。無論是學習、生活或工作，她時時牢記父親的教導，總是抱著一往無前的精神和必勝的信念，克服一切困難，做好每一件事情。

瑪格麗特上大學時，考試科目中的拉丁文課程要求五年學完，可她憑著自己頑強的毅力，在一年內全部完成。其實，瑪格麗特不光是學業出類拔萃，在體育、音樂、演講及其他活動方面也都是名列前茅。當年她所在學校的校長評價她說：「瑪格麗特無疑是我們建校以來最優秀的學生之一，她總是雄心勃勃，每件事情都做得很出色。」

正因爲如此，四十多年以後，英國乃至整個歐洲政壇上才出現了一顆耀眼的明星，她就是連續四次當選爲英國保守黨領袖，並於一九七九年成爲英國第一位女首相，雄踞政壇長達十一年之久，被世界媒體譽爲「鐵娘子」的瑪格麗特．柴契爾夫人。

「永遠都坐前排」是一種積極的人生態度。在這個世界上，想坐前排的人並不少，而真正能夠坐在前排的人卻總是不多。許多人之所以不能坐到「前排」，因為他們根本就不敢「坐在前排」。

一位哲人說過：無論做什麼事情，你的態度決定你的高度。「永遠坐前排」，不僅可以激發追求成功的願望，更重要的是，它還可以培養一個人追求成功的信心和勇氣。

# 伊爾．布拉格的發現

伊爾．布拉格是美國歷史上第一位榮獲普利茲新聞獎的黑人記者。他勇敢勤奮，功績卓越，創造了美國新聞史上的一個奇蹟。他在回憶自己童年經歷時說：「我們家很窮，父母都靠賣苦力爲生。那時，我父親是一名水手，他每年都要往返於大西洋各個港口之間。我一直認爲，像我們這樣地位卑微的黑人是不可能有什麼出息的，也許一生只會像父親所工作的船隻一樣，漂泊不定。」

伊爾．布拉格九歲那年，父親帶他去參觀梵谷的故居。在那張著名的吱嘎作響的小木床和那雙龜裂的皮鞋面前，布拉格好奇地問父親：「梵谷不是世界上最著名的大畫家嗎？他難道不是百萬富翁？」父親回答他說：「梵谷的確是世界著名的畫家，同時，他也是一個和我們一樣的窮人，而且是一個連妻子都娶不上的窮人。」

又過了一年，父親帶著布拉格去了丹麥，在童話大師安徒生牆壁斑駁的故居，布拉格又困惑地問父親：「安徒生不是生活在皇宮裡嗎？可是，這裡的房子卻這樣破爛。」父親答道：「安徒生是個磚匠的兒子，他生前就住在這棟殘破的閣樓裡。皇宮只在他的童話裡才會出現。」

從此，布拉格的人生觀完全改變。他不再自卑，不再以爲只有那些有錢有地位的人才會出人頭地。他說：「我慶幸有位好父親，他讓我認識了梵谷和安徒生，而這兩位偉大的藝術家又告訴我，人能否成功與貧富毫無關係。」

現在生活中，我們常常看到這樣一些人，他們會以自己的出身來確定自己未來的生活前景；他們經常會因自己角色的卑微，而用可憐的聲音與世界對話；他們總是因暫時的生活窘迫而放棄了自己的夢想；他們總是因其貌不揚被人歧視而低下了充滿智慧的頭顱。

不要用卑微的姿態面對世界。一個人只要知道自己要去哪裡，全世界都會給他讓路。

# 冠軍的憤怒

一九六五年九月七日，世界撞球冠軍爭奪賽在美國紐約舉行。路易斯・弗克斯的得分一路遙遙領先，只要再得幾分便可穩拿冠軍了。就在最後一場決賽開始不久，他發現一隻蒼蠅落在主球上，於是揮杆將蒼蠅趕走了。可是，當他俯身準備擊球的時候，那隻蒼蠅又飛了回來。在觀眾的笑聲中，他再一次揚起手趕走了蒼蠅。

他的情緒已經被這隻討厭的小動物破壞了，而且更爲糟糕的是，它好像是有意跟他作對，等他一回到球臺，蒼蠅就又飛落到主球上，引得周圍的觀眾哈哈大笑。

路易斯・弗克斯的心境惡劣到了極點，終於失去理智，憤怒地用球杆去擊打蒼蠅。不幸球杆碰動了主球，裁判判他擊球，因此他失去了一輪機會。

路易斯・弗克斯方寸大亂，接著連連失利，而他的對手約翰・迪瑞則愈戰愈勇，一步步趕上並超越了他，最後奪走了冠軍金牌。

第二天清早，人們在河裡發現了路易斯・弗克斯的屍體，他因無法接受這樣的結果而投河自殺了！

一隻小小的蒼蠅，竟然擊倒了所向無敵的世界冠軍！這是一件不該發生的事情。其實，路易斯・弗克斯完全可以採取另一種做法，那就是：擊自己的球，不要理睬蒼蠅。當主球飛速奔向既定目標的時候，那隻蒼蠅還站得住嗎？

老虎自恃是森林之王，有一天覓食時遇到了一隻飛來飛去的牛虻，老虎生氣地喝道：「不要在我眼皮下打擾我，否則我就吃掉你！」

「嘻嘻，只要你搆得著就來吃呀。」牛虻一面嘲笑老虎，一面飛到老虎鼻子上吸血。老虎用爪子來抓，牛虻又飛到虎背上鑽進虎皮中吸血。老虎惱怒地用鋼鞭一樣的尾巴驅趕牛虻，但牛虻不斷地轉移位置，不停地狠狠叮咬。老虎躺在地上打滾妄圖壓死牛虻，牛虻立刻飛走了。但沒過一會兒，又飛回到老虎的鼻尖上。

就這樣，一隻老虎在和牛虻的搏鬥中，活活累死了。

老虎其實沒有必要去在乎一隻牛虻，牠的煩惱和災難不是因爲牛虻，而是因爲牠自己。

在我們通往人生目的地的路途中，一定有很多影響我們的「蒼蠅」和「牛虻」。記住自己要做什麼，不要在乎這些身外的干擾，如此我們才不至於因小而失大。

# 找到自己就找到了世界

一九四七年，美孚石油公司董事長貝里奇到開普敦巡視工作，在廁所裡，看到一位黑人小伙子正跪在地上擦洗黑污的水漬，並且每擦一下，就虔誠地叩一下頭。貝里奇感到很奇怪，問他爲何如此？

黑人答道：「我在感謝一位聖人。」

貝里奇問他爲何要感謝那位聖人？小伙子說：「是他幫助我找到了這份工作，讓我終於有了飯吃。」

貝里奇笑了，說：「我曾經也遇到一位聖人，他使我成了美孚石油公司的董事長，你願意見他一下嗎？」

小伙子說：「我是個孤兒，從小靠錫克教會養大，我一直都想報答養育過我的人。這位聖人若能使我吃飽之後，還有餘錢，我很願去拜訪他。」

貝里奇說：「你一定知道，南非有一座有名的山，叫大溫特胡克山。據我所知，那上面住著一位聖人，能爲人指點迷津，凡是遇到他的人都會前程似錦。二十年前，我到南非登上過那座山，正巧遇上他，並得到他的指點。假如你願意去拜訪，我可以向你的經理說情，准你一個月的假。」

這位年輕的小伙子是個虔誠的錫克教徒，很相信神的幫助，他謝過貝里奇後就眞的上路了。三十天的時間裡，他一路劈荊斬棘，風餐露宿，終於登上了白雪覆蓋的大溫特胡克山。然而，他在山頂徘徊了一天，除了自己，什麼都沒有遇到。

黑人小伙子很失望地回來了。他見到貝里奇後說的第一句話是：「董事長先生，一路我處處留意，但直至山頂，我發現，除我之外，根本沒有什麼聖人。」

貝里奇說：「你說的很對，除你之外，根本沒有什麼聖人。因爲，你自己就是聖人。」

二十年後，這位黑人小伙子做了美孚石油公司開普敦分公司的總經理，他的名字叫賈姆訥。在一次世界經濟論壇高峰會上，他作爲美孚石油公司的代表參加了大會。在面對眾多記者的提問時，關於自己傳奇的一生，他說了這麼一句話：「發現自己的那一天，就是人生成功的開始。創造奇蹟的人，只有自己。」

人類使用最多的一個詞是「我」，最視而不見的也是「我」。一個看不見「我」的人，既不知道自己能做什麼，也不知道自己不能做什麼。

因為看不見自己，就只會崇拜他人，崇拜偶像，而自己就消失在芸芸大眾之中。

心中沒有「我」的人，就不會有個性，也不會有理智的勇氣，更不可能有人生的目標。

# 瓦倫達心態

心理學上有一種「瓦倫達心態」。這個理論，來源於一個眞實的故事。

瓦倫達是美國著名的高空鋼索表演者，在一次重大的表演中，不幸失足身亡。

他的妻子事後說，我知道這一次一定要出事，因爲他上場前總是不停地說：「這次太重要了，不能失敗，絕不能失敗。」

而以往他卻不是這樣。每次表演之前，他只想著「走鋼索」，並專心爲此做準備，根本不去管其他的事情，更不會爲「成功」或「失敗」而擔心。

後來，人們就把專心致志於做某事，而不去管這件事的意義和結果，不患得患失的心態，叫做「瓦倫達心態」。

美國史丹佛大學的一項研究也表明，人大腦裡的某一圖像會像實際情況那樣刺激人的神經系統。比如，當一個高爾夫球手擊球前一再告訴自己「不要把球打進水裡」時，他的大腦裡往往就會出現「球掉進水裡」的情景。這一情景會指揮他的行動，結果事情不是向他希望的那樣發展，而是向他害怕的方向發展——這時候，球大多都會掉進水裡。

這項研究從另一個方面證實了瓦倫達心態。

當你已經開始做一件事的時候，就不要再考慮與做這件事無關的問題，不要讓功利心和由此引出的擔憂干擾你的行動。

專心去做那件事的時候，就不會再考慮成功或者失敗。沒有了成敗的憂慮，人就自然變得輕鬆自如。

害怕失敗就是最大的失敗。

# 鉛筆有多少種用途

美國紐約有一所窮人學校，數十年來，該校的畢業生在紐約警察局的犯罪紀錄最低。這是爲什麼？一位研究者透過對該校畢業生的問卷調查，得到了一個奇怪的答案——因爲該學校的學生都知道鉛筆有多少種用途。

原來在這所學校，學生入學後接受的第一堂課就是：一枝鉛筆有多少種用途。在課堂上，孩子們明白了鉛筆不僅有寫字這種最普通的用途，必要時還能用來當作尺畫線；作爲禮品送人表示友愛；當作商品出售獲得利潤；筆芯磨成粉後可做潤滑粉；演出時也可臨時用於化妝；削下的木屑可以做成裝飾畫；一枝鉛筆按相等的比例鋸成若干份，可以做成一副象棋；可以當作玩具車的輪子；在野外探險時，鉛筆抽掉芯還能被當成吸管喝石縫中的泉水；在遇到壞人時，削尖的鉛筆還能當作自衛的武器……

透過這一課，老師讓學生們懂得了：擁有眼睛、鼻子、耳朵、大腦和手腳的人更是有無數種用途，並且任何一種用途都足以使一個人生存下去。這種教育的結果是，從這所學校畢業的學生，無論他們的處境如何，都生活得非常快樂，因爲他們永遠對未來充滿希望。

這所學校就是聖・貝納特學院。對它進行研究的是一位名叫普熱羅夫的捷克籍法學博士，他原打算藉研究爲名拖延在美國的時間，以便找到一份與法學有關的工作。這份奇怪的答案使他放棄了在美國找工作的想法並立即返回國內。目前他已經是捷克最大一家網路公司的總裁。

如果你在生活中遭遇了挫折，譬如破產、譬如失業、譬如輟學……你能否想一想鉛筆的用途呢？假若一個人知道鉛筆有多少種用途，他一定會覺得人生的道路很寬闊，而且有很多條。

# 讓心靈先到達那個地方

美國西部的一個鄉村，有一位清貧的農家少年。每當閒暇的時間，他總要拿出祖父在他八歲那年送他的生日禮物——一幅已被摩挲得捲邊的世界地圖。他年輕的目光一遍遍瀏覽著地圖上標注的城市，飄逸的思緒亦隨之縱橫馳騁，渴望抵達的翅膀，在幻想的風景中自由遨翔……

十五歲那年，這位少年寫下了他氣勢不凡的計劃——《一生的志願》：

「要到尼羅河、亞馬遜河和剛果河探險；要登上珠穆朗瑪峰、吉力馬扎羅山和麥金利峰；駕馭大象、駱駝、鴕鳥和野馬；探訪馬可·波羅和亞歷山大一世走過的道路；主演一部《人猿泰山》那樣的電影；駕駛飛行器起飛降落；讀完莎士比亞、柏拉圖和亞里士多德的著作；譜一部樂曲；寫一本書；擁有一項發明專利；給非洲的孩子籌集一百萬美元捐款……」

他洋洋灑灑地一口氣列舉了一百二十七項人生的宏偉志願，不要說實現它們，就是看一看，就足夠讓人望而生畏了。難怪許多人看過他設定的這些遠大目標後，都一笑置之。所有人都認爲：那不過是一個孩子天真的夢想而已，隨著時光的流逝，很快就會煙消雲散。

然而，少年的心卻被他那龐大的《一生的志願》鼓盪得風帆勁起，他的腦海裡一次次地浮現出自己漂流在尼羅河上的情景，夢中一次次閃現出他登上吉力馬扎羅山頂峰的豪邁，甚至在放牧歸來的路上，他也會沉浸在與那些著名人物交流的遐想之中……沒錯，他的全部心思都已被自己《一生的志願》緊緊地牽引著，並讓他從此開始了將夢想轉變爲現實的漫漫征程。

毫無疑問，那是一場壯麗的人生跋涉，也是一場異常艱難、簡直無法想像的生命之旅。他一路豪情壯志，一路風霜雪雨，硬是把一個個近乎空想的夙願，變成了一個個活生生的現實，他也因此一次次地品味到了搏擊與成功的喜悅。四十四年後，他終於實現了《一生的志願》中的一百零六個願望。

他就是上個世紀著名的探險家約翰・戈達德。

當有人驚訝地追問他，是憑藉著怎樣的力量，把那麼多的艱辛都踩在了腳下，把那麼多的險境都變成了登攀的基石？他微笑著如此回答：「我總是讓心靈先到達那個地方，隨後，全身就有了一股神奇的力量。接下來，就只需沿著心靈的召喚前進。」

「讓心靈先到達那個地方」。約翰・戈達德道出了一個令人深思的哲理——在人生的旅途上，能夠最終領略美妙風景的，必然是那些強烈渴望登臨並為之不懈跋涉的追求者。

是心靈的渴望，開闊了求索的視野；是心靈的飛翔，催動了奮進的腳步；是心靈的富有，孕育了生命的奇蹟……一句話，欲創造人生的輝煌，首先必須讓心靈輝煌起來。

讓我們記住一位並不著名的詩人的著名詩句——「在目光無法抵達的遠方，我們擁有心靈」。

# 九點九秒的啓示

一九六八年，在墨西哥奧運會的百米賽道上，美國選手吉・海因斯撞線後，激動地看著運動場上的計時牌。當指示器打出九點九秒的字樣時，他攤開雙手，自言自語地說了一句話。

這一情景透過電視轉播，至少有好幾億人看到。可是，由於身邊沒有話筒，海因斯到底說了什麼，誰都不知道。

一九八四年，洛杉磯奧運會前夕，一位叫戴維・帕爾的記者在辦公室重播奧運會的資料片，再次看到海因斯的鏡頭，這是人類歷史上第一次在百米賽道上突破十秒大關。看到自己破紀錄的那一瞬，海因斯一定說了一句不同凡響的話，但這一新聞點，竟被現場的四百多名記者疏忽了。

戴維・帕爾決定採訪海因斯，問問他當時到底說了一句什麼話。

戴維・帕爾很快找到海因斯，問起十六年前的事，海因斯竟然毫無

印象，甚至否認當時說過什麼話。戴維・帕爾說：「你確實說了，有錄影帶爲證。」

海因斯看完帕爾帶去的錄影帶，笑了。他說：「難道你沒聽見嗎？我說：『上帝啊，那扇門原來是虛掩的』。」

謎底揭開後，戴維・帕爾對海因斯進行了深入採訪。

自從歐文斯創造了十點三秒的成績後，以詹姆斯・格拉森醫生爲代表的醫學界斷言，人類的肌肉纖維所承載的運動極限，不會超過每秒十米。

海因斯說：「三十年來，這一說法在田徑場上非常流行，我也以爲這是眞理。但是，我想，自己至少應該跑出十點一秒的成績。每天，我以最快的速度跑五公里，我知道百米冠軍不是在百米賽道上練出來的。當我在墨西哥奧運會上看到自己九點九秒的紀錄後，驚呆了。原來，十秒這個門不是緊鎖的，而是虛掩的，就像終點那根橫著的繩子一樣。」

後來，戴維・帕爾撰寫了一篇報導，塡補了墨西哥奧運會留下的一個空白。不過，人們認爲它的意義不限於此，海因斯的那句話，給世人留下的啓迪更爲重要。

在這個世界上，只要有真實的付出，你就會發現許多門是虛掩的。

你付出真誠，會發現友愛之門是虛掩的；你付出智慧，會發現財富之門是虛掩的；你付出艱辛，會發現成功之門是虛掩的。總之，在我們這個多采的人間，除了牢門是緊鎖的，其他的門都是虛掩著的。

打開心扉，不要自己將自己關在門外。大膽地伸出手，你會推開一個嶄新的世界。

# 智慧
## 呈現意志的張力

爸爸正在向媽媽彙報教育我的成果。他說：「我和艾力克進行了一次長談，他已經打算聽我們的話了。」

其實爸爸誤解我了的意思，我只是告訴他「我聽見了你說的話」而已。大人們總是自以爲是。

# 如果沒有獅子

一位動物學家，對生活在非洲大草原奧蘭治河兩岸的羚羊群進行了長期研究。他發現，東岸羚羊群的繁殖能力比西岸的強，每分鐘的奔跑速度也比西岸的快十三公尺。

這些莫名其妙的差別，曾使這位動物學家百思不得其解，因爲這些羚羊的種類和生存環境都是相同的：都屬羚羊類，都生長在半乾旱的草原地帶，飼料來源也一樣，以一種叫鶯蘿的牧草爲生。

有一年，在動物保護協會的贊助下，動物學家在奧蘭治河的東西兩岸各捉了十隻羚羊，分別把它們送往對岸。結果，從東岸運到西岸的十隻羚羊，一年後繁殖到十四隻；從西岸運到東岸的十隻，一年後還剩下三隻，另外七隻全被獅子吃了。

這位動物學家終於明白，東岸的羚羊之所以強健，是因爲它們附近生活著獅群；西岸的羚羊之所以弱小，正是因爲缺少了天敵。

沒有天敵的動物往往最先滅絕，有天敵的動物反而會逐步繁衍壯大。大自然的這一悖論，在人類社會也同樣存在。羅馬曾經是一個強盛的帝國，但後來消失了。眞正使羅馬帝國滅亡的，不是別人，正是它自己——一個沒有了敵手的帝國，終於在惰性的退化中消失。

不要憎恨自己的敵人。真正促使一個人咬著牙堅持到底，真正激勵一個人不斷成功的，不是鮮花和掌聲，不是親人和朋友，而常常是那些可以置人於死地的打擊和挫折，以及那些一直想將你徹底打敗的敵人和對手。

如果沒有獅子，羚羊永遠也跑不了那麼快。

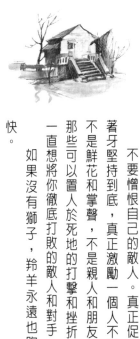

# 快樂的種子

上帝把一捧快樂的種子交給幸福之神，讓她到人間去撒播。

臨行之前，上帝仍不放心地問：「你準備把它們撒在什麼地方呢？」

幸福之神胸有成竹地回答說：「我已經想好了，我準備把這些種子放在最深的海底，讓那些尋找快樂的人，經過大海驚濤駭浪的考驗後，才能找到它。」

上帝聽了，微笑著搖了搖頭。

幸福之神思考了一會兒，繼續說：「那我就把它們藏在高山之上吧，讓尋找快樂的人，透過艱難跋涉才能發現它的存在。」

上帝聽了之後，還是搖了搖頭。

幸福之神茫然無措了。

上帝意味深長地說：「你選擇的這兩個地方都不難找到。你應該把快樂的種子撒在每個人的心底。因爲，人類最難到達的地方，就是他們自己的心靈。」

每個人都希望得到快樂，然而我們在尋找快樂時，往往看不見藏在自己心底的那粒種子，因為，我們的心裡充塞了太多的憂慮、欲望、抱怨和仇恨。

只要我們時時不忘撒進希望的陽光和真誠的雨露，那一粒藏在我們心中的快樂種子，即使我們沒有看見，它也會自己生根發芽。

# 致命的珠寶

商人狄利斯和他的兒子一起出海遠行，他們隨身帶了滿滿一箱子珠寶。

一天，狄利斯偶然聽到水手們交頭接耳。原來，他們發現了他的珠寶，並且正在策劃著謀害他們父子。

狄利斯嚇得要命，他在船艙內踱來踱去，試圖想出一個擺脫險境的辦法。兒子問他出了什麼事情，狄利斯就把自己聽到的全部告訴了他。

「同他們拼了！」兒子說道。

「不！」狄利斯回答說，「他們會制服我們的！」

「那就把珠寶交給他們？」

「也不行，他們還會殺人滅口。」

過了一會兒，狄利斯突然怒氣沖沖地奔上甲板：「你這個混蛋！」

他衝著兒子叫喊道，「你從來不聽我的忠告！」

「你瘋了，老頭子！我怎麼惹你啦？」兒子不解地回應，「你到底爲什麼暴跳如雷？」

當父子倆開始互相謾罵時候，水手們好奇地聚集到周圍。老人憤怒地衝向船艙，拖出了他的珠寶箱。

「忘恩負義的傢伙！」狄利斯尖叫道，「我寧願死於貧困，也不會讓你繼承我的財富！」說完這些話，他打開了珠寶箱。

水手們看到這麼多的珠寶都倒吸了一口涼氣。在大家猝不及防的時候，狄利斯一個健步跨向欄杆，將箱子裡的寶物全部倒入了大海。父子倆癱倒在甲板上，目不轉睛地注視著那只空箱子，爲他們所做的事而哭泣不止。眾人一邊惋惜，一邊規勸他們和好，然後都依依散去。

當父子倆先後回到船艙時，父親對兒子說：「我們只能這樣做，孩子，再也沒有其他辦法救我們了！」

「是的，」兒子欣慰地答道，「您這個法子是最好的。」

輪船駛進碼頭後，狄利斯同他的兒子匆匆忙忙趕去見地方法官，他

們控告水手們犯了企圖謀殺罪。法官透過調查，逮捕了與此事有關的水手。結果狄利斯的全部損失都得到了賠償。

如果你要想得到或者留住一些東西，你首先必須放棄一些東西。

有時候，命運會迫使你必須放棄才可以得到或留住。

如果你不想「捨棄」這一些，你會連其他的一些一同失去。所以，為了生命，將珠寶倒進大海，就是唯一的選擇。

# 蘇格拉底的教誨

幾個學生問哲學家蘇格拉底：「人生是什麼？」

蘇格拉底把他們帶到一片蘋果樹林，要求大家從樹林的這頭走到那頭，每人挑選一顆自己認爲最大最好的蘋果。不許走回頭路，不許選擇兩次。

在穿過蘋果林的過程中，學生們認眞細緻地挑選自己認爲最好的果實。

等大家來到蘋果林的另一端，蘇格拉底已經在那裡等候他們了。他笑著問學生：「你們都挑到了自己最滿意的果子嗎？」

大家你看看我，我看看你，都沒有回答。

蘇格拉底見狀，又問：「怎麼啦，難道你們對自己的選擇不滿意？」

「老師，讓我再選擇一次吧，」一個學生請求說，「我剛走進果林時，就發現了一個很大很好的蘋果，但我還想找一個更大更好的。當我走到果林盡頭時，才發現第一次看到的那個就是最大最好的。」

另一個學生緊接著說：「我和他恰好相反。我走進果林不久，就摘下了一個我認爲最大最好的果子，可是，後來我又發現了更好的。所以，我有點後悔。」

「老師，讓我們再選擇一次吧！」其他學生也不約而同地請求。

蘇格拉底笑了笑，然後堅定地搖了搖頭，語重心長地說：「孩子們，這就是人生——人生就是一次次無法重覆的選擇。」

面對無法回頭的人生，我們只能做三件事：鄭重地選擇，爭取不留下遺憾；如果遺憾了，就理智地面對它，然後爭取改變；假若也不能改變，就勇敢地接受，不要後悔，繼續朝前走。

# 兩個人和一頭驢

一個老頭和一個孩子，用一頭驢馱著東西到集市上去賣。東西賣完了，兩人開始往回走。路上，老頭把孩子放在驢背上，自己牽著驢。這時候，路上有人便責備起孩子：這孩子眞不懂事，年紀輕輕的怎麼能讓老人在地上走呢？

孩子聽了路人的責備，覺得自己不對，就立即從驢背上下來，讓老頭騎到驢背上去。老頭騎上了驢，小孩就在地上牽著驢走路。這時，又有人責備老頭：這老頭眞不通情理，一個大人，怎麼忍心讓一個孩子在路上走？

老頭聽了覺得有理，於是便把小孩也抱到驢背上來，兩個人一前一後地騎驢走。不曾想，路上又有人說話了：兩個人都坐在驢背上，驢子壓壞了怎麼辦？眞是太殘酷！

聽了這些話，老頭和孩子覺得再沒有別的辦法了，於是只好都從驢背上跳下來。路上的人見了，開始笑話他們：眞是呆子，放著現成的驢不騎，卻在走路受累！

最後，老頭感到左右爲難，怎麼辦都不對，便對孩子說：咱們只剩下一個辦法了，讓我們倆抬著驢子走吧！

一個沒有主見的人，必定會被他人所擺布。你的生命被你所擺布，而你又被他人所擺布，結果，你的一生沒有一刻是為自己而活。你因此成了一個小丑，所有的人都會輕視你。

不要管別人怎樣說，即使你的想法暫時是錯誤的，別人也會因為你敢於堅持而尊重你。

# 上帝的一分鐘

一個替人割草的男孩打電話給斯賓塞太太：「您需不需要割草工？」回答說：「不需要了，我已有了割草工。」

男孩又說：「我會幫您拔掉花叢中的雜草。」斯賓塞太太回答：「我的割草工也做了。」

男孩又說：「我會幫您把走道兩旁的草剪齊。」斯賓塞太太說：「我請的割草工正是這樣做的。謝謝你。你再到別的地方問問吧。」男孩便掛了電話。

男孩的朋友問他：「你不是就在斯賓塞太太家修剪草坪嗎？爲什麼還要打這樣的電話？」男孩說：「我只是想知道我做得有多好！」

**⊙只有不斷了解別人對你的評價，才有可能知道自己的長處與短處；只有不斷改進工作，你才會永遠有工作。**

一個小男孩問上帝：「一萬年對你來說有多長？」上帝回答說：「像一分鐘。」

小男孩又問上帝：「一百萬元對你來說有多少？」上帝回答說：「相當一元。」

小男孩對上帝說：「你能給我一元錢嗎？」上帝回答說：「當然可以。請你稍候一分鐘。」

**⊙凡事皆不是唾手可得，天下沒有免費的午餐，即使在上帝那裡也是一樣。**

教授做生物實驗時，把一隻青蛙投進沸水的鍋裡，青蛙馬上「潑嚓」一下就跳了出來；他把另一隻青蛙放在一隻溫水鍋裡，慢慢加熱至沸騰。剛開始，青蛙舒適地在鍋中游來游去，到它發現太熱想奮力跳出時，卻沒有力量了。

**⊙環境的改變能決定你的成功與失敗，但環境的改變有時是看不到的；舒適是最危險的生活方式，舒適可以無情地扼殺天才。**

如果你知道生活有多麼殘酷——你就不會徒勞地產生一些不切實際的幻想，像那個詢問上帝的小男孩；你就會永遠居安思危，像那個替人割草的小男孩；你就不會看不清楚自己在哪裡，不知道身處的環境有多危險，像那隻在溫水中游泳的青蛙。

# 讓失敗改變方向

在美國緬因州，有一個伐木工人叫巴尼・羅伯格。一天，他正在砍伐的大樹突然倒下，右腿被沉重的樹幹死死壓住，血流不止。

面對自己伐木生涯中從未遇到過的失敗和災難，他的第一個反應就是：「我該怎麼辦？」

此時此刻，他面臨一個嚴酷的現實：周圍幾十里沒有村莊和居民；十小時以內不會有人來救他；不久之後，他會因爲流血過多而死亡。

他不能等待，必須自己救自己。他用盡全身力氣抽腿，可怎麼也抽不出來。他摸到身邊的斧子，開始砍樹。但因爲用力過猛，才砍了三、四下，斧柄就斷了。他向四周望了望，發現在不遠的地方，放著他的電鋸。他用斷斧柄把電鋸弄到手，想把壓著腿的樹幹鋸掉。可是，他發現樹幹是傾斜的，一旦拉動鋸子，樹幹就會把鋸條死死夾住。

正當他幾乎絕望的時候，他忽然湧出一個大膽的決定：把自己被壓住的大腿鋸掉！他當機立斷，毅然鋸斷了自己的大腿，終於成功地拯救了自己的生命。

一位哲學家面對一個失敗者說過這樣的話：「人生免不了失敗。失敗降臨時，最好的辦法是阻止它、克服它、扭轉它，但多數情況下常常無濟於事。那麼，你就換一種思維，設法讓失敗改道，變大失敗為小失敗，在失敗中尋找成功。」

相對於死亡而言，僅僅失掉一條腿，何嘗不是成功和勝利呢？

# 你用不著跑在別人後面

一位賽車手一賽完車，就回來向母親報告比賽的結果。

他衝進家門叫道：「媽媽，有三十五輛車參加比賽，我得了第二名！」

「這值得高興嗎？要我說——你輸了！」母親回答道。

「媽媽，你不認爲第一次就跑第二是很了不起的事嗎？而且有這麼多輛車參加比賽。」他抗議著。

「你用不著跑在任何人後面。如果別人能跑第一，你也能！」母親嚴厲地說。

這句話深深刻進了兒子的腦海。

接下來的二十年中，他稱霸賽車界，成爲運動史上贏得獎牌最多的賽車選手。他就是理查・派迪。

他的許多項紀錄到今天還保持著，沒人能打破。二十多年來，他一直未忘記母親的責備——你用不著跑在任何人後面！

只要是比賽，就一定有「第二名」，但只要參加比賽，就一定要爭取「第一名」。你可以心平氣和地接受「第二名」，但絕不能心安理得地滿足於「第二名」。如果這一次你因為「第二名」而歡喜，那麼下一次比賽就一定不是「第二名」，而是在更遠的後面。這就是「取法乎上而得乎中」的道理，這就是理查·派迪的母親責備他的原因。

# 綠色記事本

法蘭克福一名六歲的一年級新生小奧茨，剛剛到學校註冊報到，就領到了一套教科書和一冊看上去有點特別的「綠色記事本」。老師告訴孩子們，這不是一本供寫字或做作業用的練習本，也不是一冊一般的日記本，更不是一本普通畫冊。

綠色記事本的封面一片翠綠，上面印有森林、草原和田野的圖畫，就像在德國高速公路兩旁常見到的風景一樣。老師還告訴孩子們：綠色記事本是用「再生紙」製成的，原料是廢紙和垃圾，因而用不著耗費大量木材——而這又意味著不必砍伐寶貴的森林。

一個星期下來，小奧茨的綠色記事本上就有了如下的記錄：

⊙星期一　我爲一種瀕臨滅絕的灰鶴捐了一馬克的零用錢，受到了老師的表揚。

⊙星期二　晚上我迷迷糊糊地睡著了，忘了關燈，結果白白浪費了大量的電，眞不應該！

⊙星期三　上圖畫課時，我因畫得不夠好而連撕了三張白紙，其實我是完全可以畫得再小心一些的。老師說，造紙不僅要消耗木材，而且還要消耗大量的水和電。想到這些，我感到慚愧。

⊙星期四　我發現媽媽只爲了洗我的兩件內衣就開動洗衣機，我覺得這是一種能源浪費。後來媽媽接受了我的建議，以後不再每天都開洗衣機，而是等把衣服積得多一些再洗。

⊙星期五　哥哥是個賽車手，但當他得知開賽車會排放大量污染環境的有毒廢氣後，他和幾個也愛開賽車的朋友竟然想出了一個彌補的辦法——每年每人額外栽種二十棵樹！

⊙星期六　爸爸帶我上超市購物。他原本計劃開車去，後來聽了我的話改坐公共汽車，這樣既可節約開車需要的汽油，也可減少汽車廢氣的排放量。

⊙星期日　輪到我去丟垃圾，但我發現我家垃圾袋裡的垃圾還沒有

分類，於是我不顧臭味，耐心地將垃圾分類後再丟入垃圾箱，爲的是方便環保人員處理。

老師向全班同學朗讀了小奧茨的「環保周記」，要求大家在課後互相傳閱。小奧茨開始有點洋洋得意，但看了其他小朋友的「環保周記」後，他覺得自己做的事還太少。

他的鄰桌小丹娜比自己「更聰明」——她竟然成功地設計出一種煮雞蛋可節約三分之一能源的新方法：將生雞蛋置入少量冷水裡煮，待水一開即切斷電源，利用餘熱就可以把雞蛋煮熟。小奧茨一開始並不相信，回家試驗了一次後才心服口服。有趣的是，現在全班同學在家煮雞蛋時都採用了「丹娜煮蛋法」，連一些老師在嘗試了這種方法後也連連稱讚。

另一名叫費格的小朋友更是別出心裁，他設計了一種「環保收支簿」——他與父母親經過一番商量討論後，制定了每周用電量和用水量的「限額」，要是這一周超額了，下一周便必須節約一點以作「補償」。在他的「環保收支簿」裡，留下了這麼幾行字：本周已超額用電二十八度，故我和弟弟都保證下周只收看三天的電視並停止玩電子遊戲。

人們總認為，如果我們多耗了汽油、水、電、木材這些東西，我們會多付錢，只要自己有錢，想用多少都是自己的事。殊不知，地球的資源是人類共有的，而且是有限的，如果我們不珍惜自然，總有一天人類會一無所有——連造鈔票的原料都沒有了，我們還憑什麼財大氣粗？

# 女人的需要

在一次大學語言課上，老師給學生留了一個家庭作業：先閱讀一篇文章，並思考提出的問題，等下一節課將各自思考的答案告訴大家。

文章的大意是：

年輕的亞瑟國王被鄰國抓獲。鄰國的君主沒有殺他，並承諾，只要亞瑟可以回答一個非常難的問題，他就可以給亞瑟自由。

這個問題是：女人眞正想要的是什麼？

這個問題連最有見識的人都困惑難解，何況年輕的亞瑟。於是人們告訴他去請教一位老女巫，只有她才知道答案。女巫答應回答他的問題，但他必須首先接受她的交換條件。這個條件是：讓自己和亞瑟王最高貴的圓桌武士之一、他最親近的朋友——加溫結婚。亞瑟王驚駭極了，他無法置信地看著女巫：駝背，醜陋不堪，只有一顆牙齒，渾身發出難聞的氣味……亞瑟拒絕了，他不能因爲自己讓他的朋友娶這樣的女人。

加溫知道這個消息後，對亞瑟說：「我同意和女巫結婚，對我來說，沒有比拯救你的生命更重要的了。」

於是婚禮宣布了。女巫也回答了亞瑟的問題：女人眞正想要的是可以主宰自己的命運。

每個人都立即知道了女巫說出的眞理，於是鄰國的君主放了亞瑟王，並給了他永遠的自由。

來看看加溫和女巫的婚禮吧，這是怎樣的婚禮呀——爲此，亞瑟王在無法解脫的極度痛苦中止不住地哭泣。加溫一如既往地溫文爾雅，而女巫卻在婚禮上表現出最醜陋的行爲：用手抓東西吃，蓬頭垢面，用嘶啞的喉嚨大聲講話。她的言行舉止讓所有的人都感到噁心。

新婚的夜晚來臨了，加溫依然堅決地面對可怕的處境。然而，走進新房，卻被眼前的景象驚呆了：一個他從沒見過的美麗少女半躺在婚床上！加溫如履夢境，不知這到底是怎麼回事。

美女回答說，因爲當她是個醜陋的女巫時，加溫對她非常體貼，於是她就讓自己在一天的時間裡一半是醜陋的，另一半是美麗的。她問加溫，在白天和夜晚，你是想要哪一半呢？

多麼殘酷的問題呀！加溫開始思考他的困境：是在白天向朋友們展現一個美麗的女人，而在夜晚，在自己的屋子裡，面對的是一個又老又醜如幽靈般的女巫？還是選擇白天擁有一個醜陋的女巫妻子，但在晚上與一個美麗的女人共同度過親密的時光？

故事結束了，問題是：如果你是加溫，會怎樣選擇？

第二天的課堂上，答案五花八門，歸納起來也就是兩種：一種選擇白天是女巫，夜晚是美女，理由是妻子是自己的，不必愛慕虛榮，苦樂自知就可以了；一種選擇白天是美女，因爲可以得到別人羨慕的目光，至於晚上，漆黑的屋子，美醜都無所謂了。

老師聽了所有的答案，沒有說什麼，只是問大家是否想知道加溫的回答。大家說當然想。

老師說：「加溫沒有做任何選擇，只是對他的妻子說，『既然女人最想要的是主宰自己的命運，那麼就由你自己決定吧！』」

於是女巫選擇——白天夜晚都是美麗的女人。

所有的學生都沉默了：爲什麼我們沒有一個人做出加溫那樣的回答？

有時我們是不是很自私？我們總以自己的喜好去安排別人的生活，卻沒有想過人家是不是願意。

如果多一些愛心，多關懷一點別人，我們是不是也會像加溫一樣得到出乎意料的回報？

試一試吧，這樣做其實並不難。

# 小心「牛屎運」

一隻火雞和一頭牛閒聊。

火雞說：「我希望能飛到樹頂，可我沒有力氣。」

牛說：「爲什麼不吃一點牛糞？它是很有營養的。」

火雞吃了一些牛糞，它有了足夠的力量飛上了第一根樹枝。

第二天，火雞吃了更多的牛糞，飛到第二根樹枝。兩個星期後，火雞驕傲地飛到了樹頂。

但不久，一個農夫看見了高高站在樹頂的火雞，一槍把它射了下來。

**⊙「牛屎運」可以讓你達到頂峰，但不可能讓你永遠留在那裡。**

烏鴉站在樹上，整天無所事事。

兔子看見了，就問它：「我能像你一樣站著，每天什麼也不做嗎？」

烏鴉說：「當然，有什麼不可以？」於是，兔子在樹下的空地上開始休息。

忽然，一隻狐狸出現了。它跳起來抓住兔子，幾下就把它吞進了肚子。

**⊙如果你想站著什麼也不做，那你必須站得非常非常高。**

一隻小鳥飛到南方去過冬。

天太冷，小鳥被凍僵了，於是牠飛到一大塊空地上。

一頭牛經過那兒，拉了一堆牛糞在小鳥身上。凍僵的小鳥躺在糞堆裡，覺得好溫暖，漸漸甦醒過來。

牠溫暖而快活地躺著，不久開始唱起歌來。

一隻路過的貓聽到歌聲，便走過去看個究竟。循著歌聲，並很快發現了糞堆裡的小鳥，於是就把牠拽出來，然後把牠吃掉了。

**⊙不是每個往你身上拉大糞的人都是你的敵人。也不是每個把你從糞堆裡拉出來的人都是你的朋友。當你躺在糞堆裡的時候，最好把嘴巴閉上。**

學會預感危險，尤其在非常得意的時候。

一般來說，危險就在你得意的時候悄然來臨。

得意常常給你的不是驚喜，而是驚痛。

# 狐狸的遭遇

有隻狐狸驚慌失措地跑進一個村落，喘得上氣不接下氣，四肢發軟，狼狽萬分。一隻鸚鵡見了，便問道：「狐狸先生，您這是怎麼啦？」狐狸一臉惶恐地說：「後……後面有一大群獵犬在追我！」

鸚鵡聽了心急地大叫：「哎呀！那你趕快到村口瑪麗大嬸家裡躲一躲吧。她人最好，一定會收留你的。」狐狸一聽，說：「瑪麗大嬸？不行，前兩天我還偷了她的雞，她不會收留我的。」

鸚鵡想了想，又說：「沒關係，史密斯大爺的家離這裡也不遠，你趕快跑到他那兒躲起來呀！」狐狸卻說：「史密斯大爺也不行，幾天前我趁他不在家時，偷吃了他孫女養的金絲雀，他們一家正痛恨我呢！」

鸚鵡又說：「那麼，你去投靠傑佛遜大夫吧，他是這村裡唯一的醫生，非常有愛心，一定不忍心看你被抓的。」狐狸尷尬地說：「那個傑佛遜大夫呀？上次我到他家裡，把他存的肉片給吃得一乾二淨，還把他院子裡種的鬱金香給踩爛了……我沒臉再去找他。」

鸚鵡無奈地問：「難道這個村裡就沒有你可以投靠的人了嗎？」狐狸回答：「沒有，我平時可沒少害他們啊！」

鸚鵡搖搖頭，說：「唉，那麼我也救不了你了。」最後，這隻平日裡耀武揚威的狐狸，被獵犬給抓住了。

沒有人會一生一帆風順，沒有人永遠高枕無憂。當你失敗時，還有沒有願意幫你的朋友？

做一個好人，其實是在為自己留一條萬一的後路。你做過一件壞事，可能要付出十倍的代價；同樣地，你做過一件好事，也許會有十倍的回報——這就是利息。

你平時怎樣待人，將決定你失意時別人怎樣待你；你失意時別人怎樣待你，也決定了你的失敗究竟是一敗塗地還是有驚無險。

# 生命的賬單

人們對於金錢的開支，大多比較留心，但對於時間的支出，卻往往不大在意。如果有誰爲人們在工作生活等方面所用去的時間一一予以記錄，列出一份「生命的賬單」，不僅十分有趣，而且可能會令人有所感悟，有所警醒。

法國《興趣》雜誌對人一生在時間的支配上做過一次調查，結果是這樣的：「站著，三十年；睡著，二十三年；坐著，十七年；走著，十六年；跑著，一年零七十五天；吃著，七年；看電視，六年；閒聊，五年零二百五十八天；開車，五年；生氣，四年；做飯，三年零一百九十五天；穿衣，一年零一百六十六天；排隊，一年零一百三十五天；過節，一年零七十五天；喝酒，二年；入廁，一百九十五天；刷牙，九十二天；哭，五十天；說『你好』，八天；看時間，三天。」

英國廣播公司也曾委託人體研究專家對人的一生進行了「量化」分析，有些數字可以作爲上面推算的補充：「沐浴，二年；等候入睡，十八周；打電話，二年半；等人回電話，十四周；無所事事，二年半。」以上推算和量化分析並不全面，而且有些數字也不具有很強的說服力和可信性，但爲我們大致列出了一個生命的賬單。

這份賬單上的時間開支，有一些是非花銷不可的，但有的卻完全可以節省。每個人在生活的每一天都必須清楚：我該爲哪些事花費時間？哪一些可以忽略或縮短？只有像對金錢那樣計較時間，我們才能在有限的人生中做更多有意義的事情。

我們看不見時間，這就是我們的悲劇所在。因為看不見，我們不知道它到底有多少；因為看不見，它變少了，也引不起我們的關注。加上時間是上帝賜給的，我們沒有為擁有它而付出艱辛，所以我們即使發現它消失了，也不痛惜。

可是時間就像我們手裡的信用卡，如果你不小心使用，終於會有一天它的餘額突然變成了零——而你還有那麼多事還沒做，還有那麼多美妙的計劃還未實施！而且，它不像信用卡——它不能充值！

# 「吝嗇專家」的學問

加拿大渥太華有兩位「吝嗇專家」，一位叫達希・珍，一位叫尼克森，他們都辦了一份教人如何節儉過日子的報紙。

達希・珍別號「狂熱節儉家」，她自費出版了《安全守財奴月報》，多年來，向讀者提供了無數省錢致富的秘訣。

達希・珍說，賺錢渠道包括「找更高薪酬的職業」和「多省點錢」這兩條路。她舉了一個例子，一位部長級的官員雖有十五萬加元的年薪，但爲了維持高官的面子，花在衣著、應酬、停車、保險、豪宅上面的錢佔的比例，說不定會超過他的報酬，消費太高導致入不敷出。相反，過簡單一點的日子，雖然賺的不多，反而能存下更多的錢。

眞正有錢的人不會住在最搶眼的高級社區，而常常住在普通公寓區；也不會開昂貴的豪華汽車，並且不到最後關頭不會換車。更重要的

是，有錢人都懂得節省和投資。達希・珍最後強調，你省下來的一塊錢，大於你賺進的一塊錢。

另一位吝嗇專家尼克森，在渥太華西郊的家裡編輯出版《吝嗇家月報》，傳播勤儉致富的福音。每星期日，他主持CFRA電臺的「省下來就是你的錢」節目與聽眾分享吝嗇之道。

尼克森在月報裡提供了十項省錢致富的小秘訣：

不斷從收入當中撥出部分存款，五%、十%、二十五%都可以，反正一定要存；

搞清楚你的錢每天、每周、每月用到哪裡去了，要詳細列一份預算與支出表；

每次購物之後，要檢查、核對所有的收據，看看商家有沒有多收費；

信用卡只需保留一張，能夠證明身分就夠了，欠賬每月絕對付清；

自備便當上班，這樣每周可節省四十五加元的午餐費，每年省下二千二百加元付房子貸款或存作退休基金；

與人共搭一輛車或乘大眾交通工具上下班，節省停車費、汽油費、保險費、耗損費以及停車時間；

多讀些有關修理、投資、致富的《實用手冊》，最好從圖書館借，或從網路下載，省錢；

簡化生活，房子不用太大；買二手汽車；到廉價商店、拍賣場、搬家大賤賣等地購物；

買東西時切記「花這錢值不值得」，便宜貨不見得划得來，貴也不保證品質就好；

絕對要殺價，你不提出，店家絕不會主動減價賣給你東西。

每個人在還沒出生的時候就已經開始花錢了，所以，你必須重視金錢；金錢不是從天上掉下來的，是透過艱苦的勞動獲得的，所以，你必須珍惜金錢；同樣多的錢在不同人的手中會發揮不同的作用，因而可以說，花錢是一門藝術，所以，你必須學習怎樣花錢。

透過一個人的用錢方式，可以看出這個人的品德、智慧和性格。

# 一匹馬的命運

一匹馬多年獨享一塊肥沃的草地，後來有一隻鹿也發現了這塊草地。

本來按這匹馬的食量，就是活一萬年，也吃不完這塊地上的草，但它卻對鹿的闖入心存不快。

於是，牠想借助人的力量征服可恨的鹿。但狡猾的人卻說：「我抓不到鹿，除非你讓我騎著追上牠。」馬同意了，結果人騎著馬追上了鹿。

本來馬和鹿的奔跑速度是人遠不能及的，但爲了報復鹿，馬甘受其縛，結果牠們都成了人的俘虜。

直到這一刻，馬才感到悔恨，但一切已無法改變。最終的勝家，不是跑得最快的馬，也不是跑來分一杯羹的鹿，而是有智慧的人。

直到今天，馬依然被人帶上轡頭，爲其勞作，馬是否反思過自己的錯誤呢？

逞一時之快，為了打擊報復又不擇手段，
終會讓自己付出沉重代價。
馬如此，人何嘗不是如此？

# 棋盤上的麥粒

古代印度的舍罕王，打算重賞國際象棋的發明者——宰相西薩。西薩向國王請求說：「陛下，我想向你要一點糧食，然後將它們分給貧困的百姓。」

國王高興地同意了。

「請您派人在這張棋盤的第一個小格內放上一粒麥子，在第二格放兩粒，第三格放四粒……照這樣下去，每一格內的數量比前一格增加一倍。陛下啊，把這些擺滿棋盤上所有六十四格的麥粒都賞賜給您的僕人吧！我只要這些就夠了。」國王許諾了宰相這個看起來微不足道的請求。

千百年後的今天，我們都知道事情的結局：國王無法實現自己的承諾。這是一個長達二十位的天文數字！這樣多的麥粒相當於全世界兩千年的小麥產量。

不過當時所有在場的人都不知道這個結果。他們眼看著僅用一小碗麥粒就塡滿了棋盤上十幾個方格，禁不住笑了起來，連國王也認爲西薩太傻了。

隨著放置麥粒的方格不斷增多，搬運麥粒的工具也由碗換成盆，又由盆換成籮筐。即使到這個時候，大臣們還是笑聲不斷，甚至有人提議不必如此費事了，乾脆裝滿一馬車麥子給西薩就行了！

不知從哪一刻起，喧鬧的人們突然安靜下來，大臣和國王都驚詫得張大了嘴：因爲，即使傾全國所有，也塡不滿下一個格子了。

弱小的事物當初總是被人譏笑，但只要不斷積聚力量，就會逐漸強大。從弱變強的過程可能是難以察覺的，當你能夠看見時，它就一定強大得令人難以置信。

# 創意

## 了無痕跡的匠心

艾力克，你現在看到的就是大海，當年我和你媽媽就是在這裡開始戀愛的。

那麼說，爸爸，現在我們倆也必須要在這裡開始戀愛嗎？

# 今天只有一名顧客

商場經理檢查新來的售貨員一天的業務情況。

「今天你向多少名顧客提供了服務？」經理問。

「一名。」這名售貨員答道。

「僅僅一名顧客？」老闆又問，「賣了多少錢？」

售貨員回答：「五萬八千三百三十四美元。」

經理大吃一驚，他請這位店員解釋一下怎麼賣了那麼多錢。

「首先我賣給了那個男人一只釣魚鉤，」售貨員說，「接著賣給他一根釣竿和一隻捲軸。然後我問他打算到什麼地方釣魚，他說去海裡。所以我建議他應該擁有一條船——他就買了一艘二十英尺長的小型汽艇。運走時，我帶他到咱們商場的汽車銷售部，賣給了他一輛微型貨車。」

老闆驚愕不已地問道：「你眞的賣了那麼多東西給一個僅僅來買一

只魚鉤的顧客？」

「不！」新來的售貨員回答：「他本來是到旁邊櫃檯爲他患偏頭疼的夫人買一瓶阿斯匹林。我對他說：『先生，你的夫人身體欠佳，周末如果有空，你不妨帶著她去試試釣魚，那眞是太有意思了！

——事情就是這樣。」

有的人每一天都做很多事，可是沒有一件事做得出類拔萃；有的人一生做很多事，卻沒有一件足以讓他功成名就。

做事的多少是一回事，做事的質量和成效又是另一回事。如果我們十件事都做不好，就專心做一件吧！

# 六顆子彈

卡爾森走在紐約深夜的街道上，他的腳步十分急促。突然，眼前小巷中黑影一閃，一個穿著風衣的瘦小男子擋住了他的去路，口中低聲喊道：「站住，不要亂動！」

卡爾森看著劫匪手中的左輪槍，慢慢地舉起雙手，任由劫匪將他的手錶和皮夾搜去。就在劫匪準備離開之際，卡爾森叫住了他。

卡爾森說：「先生，你搶走了我的錢和手錶沒有關係，可是，我家裡有一個極其凶悍的老婆，我回到家裡，要是告訴她我被搶了，她一定不肯相信，她會以爲我因賭博而把錢輸光了。」

劫匪道：「那關我什麼事？」

卡爾森說：「能不能麻煩你，用手槍在我的帽子上射一個洞，這樣我回去會好交代一些。」

經不起卡爾森再三懇求，劫匪勉爲其難地在他的帽子上開了一槍。隨後，卡爾森又說，爲了逼真，最好在外套、褲管、靴子，甚至於手帕上都留下彈孔。

做完這一切，身材瘦小的劫匪準備揚長而去，卡爾森卻攔住了他，要求還回手錶和錢夾。劫匪準備舉槍威脅，卡爾森卻平靜地笑著說：「六顆子彈都打完了。」於是，皮夾和手錶又物歸原主。

人總有面臨困境的時候。如果你面臨了困境，一定要把困境看清楚，然後瓦解困境。

卡爾森的困境不是劫匪，因為劫匪是一個「瘦小男子」。他的困境是「六顆子彈」，這是他無法抵擋的力量。

他運用了瓦解的辦法，讓一支充滿威脅的手槍變成一個毫無殺傷力的小鐵塊。於是，他安全了。

# 藏在書中的遺囑

有一天，美國史丹佛大學生物系學生尼森正在圖書館裡埋頭攻讀一本名叫《生物變種遺傳基因研究》的書，這本書雖然他已讀過好多遍，但仍然愛不釋手。

奇怪的是，當他再次打開這本書的時候，突然有一種異樣的感覺，好像這本書總有些什麼特別的地方。於是，他仔細注意書中的每一個細節，果然有所發現。原來，在書的內文中共有七十三處出現了阿拉伯數字，有九處數字下面，出現了模糊的墨跡。如果不特別留心，根本就不會發現。

尼森把這九個數字按在書中出現的先後順序連起來，就是七四一二五六九二一。尼森認爲這其中肯定有什麼秘密，他決心揭開這個謎底。

他發動所有的親屬和朋友，到各個圖書館尋找這本書，並按照他提供的頁數查看有無相同的印跡。結果發現，在現存很少量的這本著作中，都存在著相同的情況。尼森非常興奮，他拿著書請專家鑒定，看是不是排版印刷中出現的問題。答案是否定的，專家認爲這明顯是人爲用筆尖點在紙上留下的痕跡。

尼森開始對這本書展開調查，發現這本書是由勞騰斯出版社於一九二八年出版的，作者是威斯康辛大學教授皮爾先生。此書出版時，皮爾教授已六十一歲，三年後因病去世。此書只印了一版，而且數量極少，只有四百二十冊，現今美國各圖書館總共收藏僅有十幾本。

透過專家幫助和互聯網確認，這組號碼最後被認定爲一家銀行地下保險庫中一個私人保險箱的密碼。在保險庫管理人員的幫助下，尼森找到了皮爾教授的名字，並用這組號碼順利打開了保險箱。

令人驚異的是，保險箱裡放著一封用藍色絲綢包著的長信。在這封長達十一頁的信中，皮爾教授用傷感的文字介紹了自己沒沒無聞的一生，描述了出版這本書所遇到的困難和艱辛。他說，世人和學術界對這本書的淡漠，曾使他傷心至極。因此，他在所有書中的九個阿拉伯數字下面，親自用筆尖點一滴墨水，將這九個數字連起來，作爲這個保險箱的密碼。如果有喜愛這本書的人發現這個祕密，他就把存放在這家銀行裡的三十六萬三千四百美元遺產全部贈送給這個人。在信封裡，還有一張銀行的提款單和其他相關證明，按美國的有關法律，尼森可以獲得這筆錢，而且當時的本息相加是二百七十四萬美元。

就這樣，尼森一夜之間變成了百萬富翁。

為什麼只有尼森能夠在這本書中發現財富？因為只有尼森全心地閱讀了這本書。每一本好書中都藏有一筆財富，不過它不一定是一筆存款而已。

每一本書中都會蘊涵一種真知或真理，如果你真的讀懂了它，真的掌握了精髓，然後學會了在生活中有效地運用，最終你得到的可能比尼森還要多。

一本書甚至一句話，就可能讓一個人的一生徹底改變，這難道不是巨大的財富嗎？

# 誰能讓雞蛋站立

爲了橫越大西洋，哥倫布精心籌劃了十八年。其間，他受盡別人的嘲笑和奚落，被認爲是愚蠢的夢想家。

經過無數次辯論和遊說，他的眞誠和信念最後感動了西班牙國王和王后，他們給了哥倫布遠航的船隻。哥倫布成功地渡過了大西洋，並發現了美洲大陸。

當哥倫布回到西班牙時，舉國上下一片歡騰，人們對哥倫布充滿了崇敬之情。國王和王后在宮廷裡宴請他，異常興奮地聽他講述航海過程中遇到的奇聞軼事。

哥倫布的成功和榮耀引起了很多人的妒忌。他們說：「不就是一個因貧窮而做白日夢的窮水手嗎？只要有足夠大的船隻，誰不能橫渡大西洋呢？」

聽了別人的議論，哥倫布沒有惱怒。他從容地站起來，對大家說：「如果你們有興趣，我想提議在座的每一位做一個小小的遊戲。很簡單，看誰能把一個雞蛋豎立起來。」

每個人都嘗試著把雞蛋立起來，結果卻失敗了。最後大家一直認爲，這是不可能辦到的事情。這時，哥倫布順手拿起一個雞蛋，把尖端往桌面上輕輕一磕，雞蛋就穩穩地立住了。

哥倫布表情嚴肅地說：「各位，你們都說這件事情不可能辦到，但我做到了。這是世界上最簡單的事情，但等你們知道應該怎麼做之後，誰都能做到了——關鍵在於誰先想到。」

我們總是說：「機會都沒有了。」飛機讓萊特兄弟發明了，相對論已經讓愛因斯坦發現了，小說讓海明威寫了，電腦讓比爾·蓋茲做了……殊不知，我們的身邊每時每刻都充滿了創造奇蹟的機會。

哥倫布把發現美洲的機會搶走了，當人們表示不滿時，他把讓雞蛋立起來的機會給了大家，結果人們還是沒有抓住。

「關鍵在於誰先想到」。要記住這句話，然後問：我想了嗎？我在怎樣想？

# 喬・吉拉德的玫瑰花

有一次，一位中年婦女走進喬・吉拉德的展售室，說她想在這兒看看車，打發一會兒時間。她告訴喬・吉拉德，她想買一輛白色的福特車，就像她表姐開的那輛一樣。但對面福特車行的推銷員讓她過一小時後再去，所以她就先來這兒看看。她說，這是她送給自己的生日禮物，「今天是我五十五歲生日。」

「生日快樂！夫人。」喬・吉拉德一邊說，一邊把她請進辦公室，自己出去打了一個電話。

然後，喬・吉拉德繼續和她交談：「夫人，您喜歡白色車，既然您現在有時間，我給您介紹一下我們的雙門式轎車——也是白色的。」

他們正談著，女秘書走了進來，遞給喬・吉拉德一束玫瑰花。

喬・吉拉德慎重地把花送給那位婦女：「尊敬的夫人，有幸知道今天是您的生日，送您一份薄禮，祝您好運！」

她很受感動，眼眶都濕了。「已經很久沒有人給我送禮物了。」

她說，「剛才那位福特推銷員一定是看我開了部舊車，以爲我買不起新車。我剛要看車，他卻說要去收一筆款，於是我就上這兒等他。其實我只是想要一輛白色車而已，只不過表姐的車是福特，所以我也想買福特。現在想想，不買福特也可以。」

最後她在喬・吉拉德手裡買走了一輛雪佛萊，並塡了一張全額支票。其實從頭到尾喬・吉拉德都沒有勸她放棄福特而買雪佛萊。只是因爲她在這裡感覺受到了重視，於是放棄了原來的打算，轉而選擇了喬・吉拉德的產品。

喬·吉拉德是世界級汽車營銷大王，在十五年的推銷生涯中，共賣出一萬三千零一輛汽車，曾創下一年賣出一千四百二十五輛（平均每天四輛）的紀錄，這個成績被列入《吉尼斯世界大全》。

他的幾萬個客戶，每隔一段時間就會接到他寄來的賀卡，上面只有這樣的一些話：「祝你生日快樂」，「為你的榮升乾杯」，「希望什麼時候再能聆聽你的教誨」……他的秘訣是：絕不營銷汽車，只營銷問候。

# 點滴就是大海

有一位年輕人，在一家石油公司裡謀到一份工作，任務是檢查石油罐蓋焊接好沒有。這是公司裡最簡單枯燥的工作，凡是有出息的人都不願意做這件事。這位年輕人也覺得，天天看一個個鐵蓋太沒有意思了。他找到主管，要求調換工作。可是主管說：「不行，別的工作你做不好。」

年輕人只好回到焊接機旁，繼續檢查那些油罐蓋上的焊接圈。既然好工作輪不到自己，那就先把這份枯燥無味的工作做好吧！

從此，年輕人靜下心來，仔細觀察焊接的全過程。他發現，焊接好一個石油罐蓋，共用三十九滴焊接劑。

爲什麼一定要用三十九滴呢？少用一滴行不行？在這位年輕人以前，已經有許多人做過這份工作，從來沒有人想過這個問題。這個年輕人不但想了，而且認眞測算試驗。結果發現，焊接好一個石油罐蓋，只需三十八滴焊接劑就足夠了。年輕人在最沒有機會施展才華的工作上，找到了用武之地。他非常興奮，立刻爲節省一滴焊接劑而開始努力工作。

原有的自動焊接機，是爲每罐消耗三十九滴焊接劑專門設計的，用舊的焊接機，無法實現每罐減少一滴焊接劑的目標。年輕人決定另起爐灶，研製新的焊接機。經過無數次嘗試，他終於研製成功了「三十八滴型」焊接機。

使用這種新型焊接機，每焊接一個罐蓋可節省一滴焊接劑。積少成多，一年下來，這位年輕人竟爲公司節省開支五萬美元。一個每年能創造五萬美元價值的人，誰還敢小瞧他呢？由此年輕人邁開了成功的第一步。

許多年後，他成了世界石油大王——洛克菲勒。

有人問洛克菲勒：「成功的秘訣是什麼？」他說：「重視每一件小事。我是從一滴焊接劑做起的，對我來說，點滴就是大海。」

我們只羨慕別人擁有大海，但不知道別人一滴一滴艱辛積累的過程。

一點一滴都是重要的，否則哪裡會有大海？

# 「梅爾多」鐵錘

在美國紐約州，有一家婦孺皆知的「梅爾多」公司。這家公司是靠製造「梅爾多」牌鐵錘起家的，它的起家時間很長，但過程卻非常簡單。

「請給我做一柄最好的錘子，做出你能做得最好的那種。」多年前，在紐約州的一座村莊，一個木匠對一個鐵匠說。「我是從外地來的，在這裡做一個工程，我的工具在路上丟了。」

「我做的每一柄錘子都是最好的，我保證。」鐵匠戴維．梅爾多非常自信地說。「但你會出那麼高的價錢嗎？」

「會的。」木匠說，「我需要一柄好錘子。」

鐵匠最後交給他的，確實是一柄很好的錘子，也許從來就沒有哪柄錘子比這個更好。尤其值得稱道的是，錘子的柄孔比一般的要深，錘柄可以深深地楔入錘孔中，這樣，在使用時錘頭就不會輕易脫柄。

木匠對這個錘子十分滿意，不住地向同伴炫耀他的新工具。第二天，和他一起的木匠都跑到鐵匠鋪，每個人都要求訂製一把一模一樣的錘子。

這些錘子被工頭看見了，於是他也來給自己訂了兩件，而且要求比前面訂製的都好。「這我可做不到，」梅爾多說，「我打製每個錘子的時候，都是盡可能把它做得最好，我不會在意誰是主顧。」

一個五金店的老闆聽說了此事，一下子訂了兩打，這麼大的訂單，梅爾多以前從來沒有接過。

不久，紐約城裡的一個商人經過這座村莊，偶然看見了梅爾多爲五金店老闆訂製的錘子，強行把它們全部買走了，還另外留下了一個長期訂單。

在漫長的工作過程中，梅爾多總是在想辦法改進鐵錘的每一個細節，並不因爲只是一個鐵錘而疏忽大意。儘管這些錘子在交貨時並沒有什麼「合格」或「優質」等標籤，但人們只要在錘子上見到「梅爾多」幾個字，就會毫不猶豫地買下它。

就這樣，在一個不起眼的鄉村小鎮誕生的小鐵錘，慢慢成了美國乃至全世界的名牌產品，而梅爾多本人也憑著這些鐵錘終於成爲了億萬富翁。

「梅爾多」鐵錘之所以暢銷，是因為每一把「梅爾多」鐵錘都是最好的；梅爾多之所以成功，是因為他總是把每一柄鐵錘都做得最好。

# 皮鞋的來歷

很久很久以前，人們都還赤著雙腳走路。

有一位國王外出經過一個偏遠的鄉間，鄉間的路面崎嶇不平，而且有很多碎石頭，刺得國王的腳又痛又麻。

回到王宮後，他下了一道命令：將國內的所有道路都鋪上一層牛皮。他認爲這樣做，不只是爲自己，還可以造福於他的人民，讓大家走路時不再受刺痛之苦。

但即使殺盡國內所有的牛，也籌集不到足夠的皮革。而所花費的金錢、動用的人力，更不知多少。雖然根本做不到，甚至還相當愚蠢，但因爲是國王的命令，大家也只能暗自感嘆。

一位聰明的僕人大膽向國王提出建言：「國王啊！爲什麼您要勞師動眾，犧牲那麼多牛，差遣那麼多人，花費那麼多金錢呢？您何不割兩小片牛皮包住您的腳呢？而且所有的人都可以這樣啊！」

國王聽了很驚訝，仔細一想，立刻收回成命，採用了僕人的建議。

於是，世界上就有了「皮鞋」這種東西。

想改變世界，很難；要改變自己，則較為容易。與其改變全世界，不如先改變自己。

當自己改變後，眼中的世界自然也就跟著改變了。

心若改變，態度就會改變；態度改變，習慣就會改變；習慣改變，人生就會改變。

我們還不應該忽略這樣一個事實：所有的好主意，都出自愛心。僕人並不是多有智慧，僕人只多一些不忍之心。他不是為國王劃策，而是為牛，為天下蒼生。

# 馬拉松不是長途賽跑

一九八四年，在東京國際馬拉松邀請賽中，名不見經傳的日本選手山田本一出人意料地奪取了世界冠軍。當記者問他憑什麼取得如此驚人的成績時，他說了這樣一句話：憑智慧戰勝對手。

當時許多人認爲這個小個子選手是在故弄玄虛。馬拉松是體力和耐力的運動，只要身體素質好又有耐性就有望奪冠，爆發力和速度都還在其次，說是用智慧取勝確實有點勉強。

兩年後，義大利馬拉松邀請賽在北部城市米蘭舉行，山田本一代表日本參賽——他又獲得了世界冠軍。

記者又請他談經驗。山田本一回答的仍是上次那句話：用智慧戰勝對手。這回記者在報紙上沒再挖苦他，但對他所謂的「智慧」仍迷惑不解。

幾年後，這個謎終於被解開了。他在自傳中寫道：「每次比賽前，我都要乘車把比賽線路仔細看一遍，並把沿途比較醒目的標誌畫下來。比如第一個標誌是銀行，第二個標誌是一棵大樹，第三個標誌是一所紅房子……這樣一直畫到賽程的終點。

比賽開始後，我就以百米速度奮力向第一個目標衝去，等越過第一個目標後，我又以同樣的速度向第二個目標衝去。四十多公里的賽程，就被我分解成這麼幾個小目標輕鬆地跑完了。

起初我並不懂這樣的道理，我把我的目標定在四十公里外終點線的那面旗幟上。結果跑到十幾公里時，我就疲憊不堪，我被前面那段遙遠的路程給嚇倒了。」

人都是脆弱的，那些堅強的人也一樣脆弱。他們和我們不同的是，他們會把看似強大的生活分解成比自己還脆弱的小部分，然後一個一個去戰勝它。四十公里是強大的，但分成十個或二十個部分之後，它就顯得渺小了。

# 千萬富翁的秘密

一位商人，出生在一個嘈雜的貧民窟裡。和所有出生在貧民窟的孩子一樣，他經常打鬥、喝酒、吹牛和逃學。

唯一不同的是，他天生有一種賺錢的眼光。他把從街上撿來的一輛破玩具車修整好，然後租給同伴們玩，每人每天收取半美分租金。一個星期之內，他竟然賺回了一輛新玩具車。他的老師對他說：「如果你出生在富人家庭，你會成爲一個出色的商人，但是，這對你來說不可能。不過，也許你能成爲街頭的一位商販。」

中學畢業後，他眞的成了一個商販，正如他的老師所說。不過在他的同齡人當中，這已是相當體面了。他賣過小五金、電池、檸檬水，每一樣都得心應手。最後讓他發跡的是一堆服裝，這些服裝來自日本，全是絲綢，因爲在海上遭遇風暴，結果一船的貨都成了廢品。

這些被暴雨和顏料污染的絲綢數量足有一噸之多，成了日本人頭疼的東西。他們想低價處理掉，卻無人問津。想搬運到港口扔進垃圾堆，又怕被環保部門處罰。於是，日本人打算在回程的路上把絲綢拋到海中。

有一天，商人在港口的一個地下酒吧喝酒，那天他喝醉了，當他步履蹣跚地走過一位日本海員旁邊時，正好聽到有人在談論絲綢的事情。

第二天，他就來到了海輪上，用手指著停在港口的一輛卡車對船長說：「我可以幫忙把絲綢處理掉，如果你們願意象徵性地給一點運費的話。」

他不花任何代價擁有了這些被雨水浸過的絲綢。他把這些絲綢加工成迷彩服、領帶和帽子，拿到人群集中的鬧市出售。幾天之內，他靠這些絲綢淨賺了十萬美元。

現在他已不是商販，而是一個商人了。

有一次他在郊外看上了一塊地，就找到土地的主人，說他願花十萬美元買下來。

主人拿了他的十萬美元，心裡嘲笑他的愚蠢，這樣一個偏僻的地段，只有呆子才會出這樣的價。

一年後，市政府對外宣布，要在郊外建造環城公路，他的地皮一下子升值了一百五十多倍。從此，他成了遠近聞名的富翁。

在他七十七歲時，終於因病躺下了，再也不能進行任何商務活動。然而，就在臨死前，他讓秘書在報紙上發布了一則消息，說他即將要去天堂，願意爲人們向已經去世的親人帶一個祝福的口信，每則收費一百美元。結果他賺了十萬美元。如果他能在病床上多堅持幾天，可能還會賺得更多一些。

他的遺囑也十分特別，他讓秘書再登一則廣告，說他是一位禮貌的紳士，願意和一位有教養的女士同臥一塊墓穴。結果，一位貴婦人願意出五萬美元和他一起長眠。

有一位資深的經濟記者，熱情洋溢地報導了他生命最後時刻的經商經歷。文中感嘆道：「每年去世的富人難以數計，但像他這樣懷著對商業執著精神堅持到最後的人能有幾個？」

這就是一個人怎樣成爲千萬富翁的全部秘密。

每個人都有機會，即使是貧民窟裡的孩子；任何地方都有機會，無論在破舊的大街，是港口酒吧，或是在荒僻的郊外；任何時候都有機會，哪怕是在一個人生命的最後時刻。

說沒有機會的人是沒有道理的。事實是這樣：你不認識機會，機會就永遠不會認識你。

# 我的炮彈打偏了

第一次世界大戰的凡爾登會戰後期，炮火成了左右戰局的重要力量。德軍依仗其多年儲備的眾多大口徑火炮狂施淫威，而法軍戰備不足，炮火虛弱，處於劣勢。

一九一六年四月，雙方炮擊兩天兩夜後的一天，位於馬斯河上游的法軍某炮兵陣地彈藥所剩無幾，炮兵傷亡過半。不得已，指揮官只好起用一批毫無開炮經驗的後勤人員臨時上炮位頂陣。其中有位年輕的下士因爲對開炮懷有與生俱來的恐懼，在沒有瞄準的情況下，手忙腳亂中將一發炮彈打了出去。炮彈一出膛，這位膽小的下士就失聲叫道：「我的炮彈打偏了！」

這發炮彈眞是偏得太離譜了，德軍陣地在東北方向，而炮彈飛向了西北方向。在彈藥將盡之際，這種行爲絕對是不可原諒的。指揮官舞著指揮棒氣急敗壞地向下士衝過來，準備狠狠教訓他一頓。這時，只聽見炮彈飛去的方向傳來一聲沉悶的爆炸，接著是巨大的連片爆炸聲，炒豆似的綿延不絕，持續時間達三十多分鐘。

原來，這發打偏的炮彈鬼使神差地偏到了斯潘庫爾森林中一座重要的德軍秘密彈藥補給基地，它成功地穿過狹窄的通風口直搗彈藥庫，引爆了基地所儲備的全部彈藥。

這發炮彈造成了第一次世界大戰中最大的一次爆炸，德軍六十多萬發大口徑炮彈和其他數十噸彈藥銷毀得一乾二淨，連一發臭彈都沒給德意志帝國留下。於是，德軍陣地上無數門大炮張著飢餓的大嘴成了一堆堆廢鐵。

此前還焦頭爛額的法軍元帥貝當喜出望外，抓住時機大舉反攻喪失了炮火支援的德軍陣地。於是，凡爾登會戰以能征善戰的德軍失敗而載入史冊，並進而決定了第一次世界大戰的最後結局。

時至今日，人們已無法確知當年的法國人如何評價這位膽小無能的法軍下士和他那發偏離了預定目標的炮彈，但這個奇蹟真實的故事會永遠被人記住。

有時候，命運的炮彈也會發生類似的偏移，所以，如果你把某件事萬一做砸了，不必過於沮喪，也許片刻之後就會聽見出乎意料卻令人驚喜的聲響。

不論你信不信，有時連錯誤都站在正義的一邊——也許這一切都是上帝的創意。

# 格羅培斯的難題

世界著名建築大師格羅培斯設計的狄斯奈樂園，經過了三年的施工，馬上就要對外開放了。然而各景點之間的道路該怎樣聯絡還沒有具體的方案。施工部打電話給正在法國參加慶典的格羅培斯大師，請他趕快定稿，以便按計劃竣工和開放。

格羅培斯大師從事建築研究四十多年，攻克過無數建築方面的難題，在世界各地留下了七十多處精美的傑作。然而建築中最微不足道的一點小事——路徑設計卻讓他大傷腦筋。對狄斯奈樂園各景點之間的道路安排，他已修改了五十多次，沒有一次是讓他滿意的。

接到催促電報，他心裡更加焦躁。巴黎的慶典一結束，他就讓司機駕車帶他去了地中海海濱。他想清醒一下，爭取在回國前把方案定下來。汽車在法國南部的鄉間公路上奔馳，這裡是法國著名的葡萄產區，漫山遍野到處是當地農民的葡萄園。一路上他看到人們將無數的葡萄摘下來提到路邊，向過往的車輛和行人吆喝，然而很少有人停下來。

當他們的車子進入一個小山谷時，發現在那裡停著許多車子。原來這兒是一個無人看管的葡萄園，你只要在路邊的箱子裡投入五法郎就可以摘一籃葡萄上路。據說這座葡萄園主是一位老太太，她因年邁無力料理而想出這個辦法。起初她還擔心這種辦法能否賣出葡萄，誰知在這綿延百里的葡萄產區，她的的葡萄總是最先賣完。她這種給人自由任其選擇的做法使大師格羅培斯深受啓發，他下車摘了一籃葡萄，就讓司機調轉車頭，立即返回了巴黎。

回到住地，他給施工部發了一封電報：撒上草種提前開放。施工部按要求在樂園撒了草種，沒多久，小草出來了，整個樂園的空地都被綠草覆蓋。在狄斯奈樂園提前開放的半年裡，草地被踩出許多小道，這些踩出的小道有窄有寬，優雅自然。第二年，格羅培斯讓人按這些踩出的痕跡鋪設了人行道。一九七一年在倫敦國際園林建築藝術研討會上，迪斯尼樂園路徑設計被評爲世界最佳設計。

當人們問他，爲什麼會採取這樣的方式設計迪斯尼樂園的道路時，格羅培斯說了一句話：藝術是人性化的最高體現。最人性的，就是最好的。

讓太陽像太陽那樣升起，讓星星像星星那樣閃爍，讓樹像樹一樣成長，讓人像人一樣生活——這就是最人性的。

「最人性的」方式就是對生活和萬物最尊重的方式。

# 一美元的轎車

美國的一家報紙登了這麼一則廣告：「一輛嶄新轎車，售價一美元。」哈利看到這則廣告時半信半疑：「今天不是愚人節啊！」但是，他還是揣著一美元，按照報紙上提供的地址找了過去。

在一棟非常漂亮的別墅前，哈利敲開了大門。

接待他的是一位服飾華貴的少婦，問明來意後，少婦把哈利領到車庫前，指著一輛嶄新的豪華轎車說：「喏，就是它。」

哈利腦子裡閃過的第一個念頭就是：「是壞車。」

他說：「太太，我可以試試車嗎？」

「當然可以！」於是哈利開著車兜了一圈，一切正常。

「這輛轎車不是贓物吧？」哈利要求驗看車照，少婦拿給他看了。

於是哈利付了一美元。當他開車要離開的時候，仍百思不得其解。

他說：「太太，您能告訴我這是爲什麼嗎？」

少婦嘆了一口氣：「實話跟您說吧，這是我丈夫的遺物。他把所有的遺產都留給了我，而這輛轎車，他答應給他的情婦，一個三流女演員。但是，他在遺囑裡把這輛車的拍賣權交給了我，由我將所賣款項交給他的情人——於是，我決定以一美元的價格賣掉它。」

哈利開著轎車高高興興地回家了。路上，他碰到老朋友湯姆，湯姆好奇地問起轎車的來歷，哈利眉飛色舞地將過程講述一遍。沒等他說完，湯姆就懊悔得捶胸頓足：「天啊，一周前我就看到這則廣告了！可是我怎麼也不相信。」

請記住：在這個世界上，什麼事都有可能發生。那些連奇蹟都不敢相信的人，又怎麼能獲得和創造奇蹟呢？

# 爲噪音付酬

芝加哥的一位退休老人，在一所學校附近買了一棟簡樸的住宅，打算在那裡安度晚年。

有三個無聊的年輕人，經常在閒著無事的時候用腳踢房屋周圍的垃圾桶。附近的居民深受其害，對他們的惡作劇多次阻止，結果都無濟於事。時間長了，只好聽之任之。

這位老人受不了這種噪音，決定想辦法讓他們停止。

有一天，當這幾個年輕人又在狠狠踢垃圾桶的時候，老人來到他們面前，對他們說：「我特別喜歡聽垃圾桶發出來的聲音，所以，你們能不能幫我一個忙？如果你們每天都來踢這些垃圾桶，我將天天給你們每人一美元的報酬。」

年輕人很高興地同意了，於是他們更加使勁地踢垃圾桶。

過了幾天，這位老人愁容滿面地找到他們，說：「通貨膨脹減少了我的收入，從現在起，我恐怕只能給你們每人五十美分了。」

這三個年輕人有點不滿意，但還是接受了老人的條件，每天下午繼續踢垃圾桶，可是沒有從前那麼賣力了。幾天以後，老人又來找他們。「瞧！」他說，「我最近沒有收到養老金支票，所以每天只能給你們二十美分，請你們千萬諒解。」

「二十美分！」一個年輕人大叫道：「你以爲我們會爲了區區二十美分浪費我們的時間？不成，我們不幹了！」從此以後，老人和鄰居都過著安靜的日子了。

有的人在損害別人時，內心是快樂的，當覺得自己被損害時，就會痛苦。

聰明的老人透過「給予」，讓踢桶的人將「快事」轉化成一種責任，然後又透過減少「支付」的方式讓他們成為「受損害者」。於是問題也就迎刃而解了。

人性是有弱點的，有時我們可以積極地加以利用。

# 吉尼斯紀錄的誕生

比佛是英國吉尼斯啤酒廠的總經理，他喜歡在假期約朋友一起打獵。他對自己的槍法十分滿意，經常在朋友們面前吹噓，自己可以打到任何獵物。

有一次，他們發現一種鳥飛得特別快，朋友們就和比佛打賭，看他能否射中這種鳥。結果比佛連一隻也沒打中，朋友借此對他的槍法大加嘲弄。

比佛認為這不是他的槍法不好，而是這種鳥飛得實在太快了。但朋友們卻不這樣認為。激烈的爭執之下，比佛開始認眞了，他認定那種鳥是世界上飛行最快的鳥。

為了證明自己的說法是正確的，比佛在打獵回來之後，就找出了《百科知識》之類的書進行查閱，他想透過書上的記載讓朋友心服口服。

但比佛耗費了大量時間，並沒有得到任何有價值的資料，沒有一本書提及鳥兒飛行的速度問題。

比佛很失望，他沒有找到證據證明自己的說法是正確的。

比佛靈感突發，他想，既然世界上沒有一本書記載鳥兒飛行的速度，爲什麼自己不編一本這樣的書呢？

他透過朋友介紹，聘請了兩位孿生兄弟擔任編輯。一年後，他們編出第一本樣書，比佛把它取名爲《吉尼斯世界紀錄大全》。

這本書一上市就受到讀者的歡迎。自它面世以來，平均每年出一版，被翻譯成二十三種文字，發行量達到四千萬冊，成爲世界上最暢銷的書。

五十多年後，當年的吉尼斯啤酒廠已不知蹤跡，但那本為了證明自己槍法好而誕生的《吉尼斯世界紀錄大全》卻依然存在，它創造的財富足可以創辦幾十家吉尼斯啤酒廠。

如果生活給了我們一個難題，那它一定是在提醒我們：你應該思考了，這是一次改變的機遇。你領悟了，你就得到新生；你沒有領悟，生活就把這個機遇轉交給另一個人。

# 柯特大飯店的電梯

柯特大飯店是美國加州聖地牙哥市的一家老牌飯店，由於原先配套設計的電梯過於狹小老舊，已無法適應越來越多的客流。於是，飯店老闆準備改建一個新式的電梯。他重金請來全國一流的建築師和工程師，請他們一起商討，該如何進行改建。

建築師和工程師的經驗都很豐富，他們討論的結論是：飯店必須新換一台大電梯。爲了安裝好新電梯，飯店必須停止營業半年時間。

「除了關閉飯店半年就沒有別的辦法了嗎？」老闆的眉頭皺得很緊，「要知道，那樣會造成很大的經濟損失……」

「必須得這樣，不可能有別的方案。」建築師和工程師們堅持說。

就在這時候，飯店裡的清潔工剛好在附近拖地，聽到了他們的談話。他馬上直起腰，停止了工作。他望望憂心忡忡神色猶豫的老闆和那兩位一臉自信的專家，突然開口說：「如果換上我，你們知道我會怎麼來裝這個電梯嗎？」

工程師瞟了他一眼，不屑地說：「你能怎麼做？」

「我會直接在屋子外面裝上電梯。」

工程師和建築師聽了，頓時詫異得說不出話來。

很快，這家飯店就在屋外裝設了一部新電梯。在建築史上，這是第一次把電梯安裝在室外。

某一件事，不要因為別人都這樣做，我們也一定要這樣做；不要因為過去是這樣做，現在就得這樣做。換一種思路，甚至用完全相反的方法試一下，你會發現問題同樣得到解決，但結果可能完全不同。

當別人都縱向地將蘋果切開，你不妨橫著切一次，你會發現蘋果裡原來還隱藏著那麼美麗的圖畫。

# 勇氣
## 正直無畏的面對

天呀，看你把這個家弄成什麼樣子了？湯姆，難道你沒看見你的兒子在幹什麼嗎？

可是爸爸說過，快樂的童年比地面清潔、桌椅整齊更為重要！難道你不這樣認為嗎，媽媽？

# 再試一次就是奇蹟

一九四三年，美國的《黑人文摘》剛開始創刊時，前景並不被看好。它的創辦人約翰遜爲了擴大該雜誌的發行量，積極地準備做一些宣傳。

他決定組織撰寫一系列「假如我是黑人」的文章，請白人把自己放在黑人的地位上，嚴肅地看待這個問題。他想，如果能請羅斯福總統夫人埃莉諾來寫這樣一篇文章就最好不過了。於是約翰遜便給她寫去了一封非常誠懇的信。

羅斯福夫人回信說，她太忙，沒時間寫。但是約翰遜並沒有因此而氣餒，他又給她寫去了一封信，但她回信還是說太忙。以後，每隔半個月，約翰遜就會準時給羅斯福夫人寫去一封信，言辭也愈加懇切。

不久，羅斯福夫人因公事來到約翰遜所在的芝加哥市，並準備在該市逗留兩日。約翰遜得此消息，喜出望外，立即給總統夫人發了一份電報，懇請她趁在芝加哥逗留的時間裡，給《黑人文摘》寫那樣一篇文章。

羅斯福夫人收到電報後，沒有再拒絕。她覺得，無論多忙，她再也不能說「不」了。

這個消息一傳出去，全國都知道了。直接的結果是，《黑人文摘》雜誌在一個月內，由二萬份增加到了十五萬份。後來，他又出版了黑人系列雜誌，並開始經營書籍出版、廣播電臺、婦女化妝品等事業，終於成爲聞名全球的富豪。

成功從來就不會是一條風和日麗的坦途，面對每一次挫折與失敗，我們應該始終懷有「再試一次」的勇氣與信心。也許再試一次，我們就聽見了成功的腳步聲！

# 南瓜和鐵的較量

美國麻省Amherst學院進行了一個很有意思的實驗。實驗人員用很多鐵圈將一個小南瓜整個箍住，以觀察它逐漸長大時，能抗住多大由鐵圈給予它的壓力。當初實驗員估計南瓜最多能夠承受五百磅的壓力。

在實驗的第一個月，南瓜就承受了五百磅的壓力；實驗到第二個月時，這個南瓜承受了一千五百磅的壓力；當它承受到二千磅的壓力時，研究人員開始對鐵圈進行加固，以免南瓜將鐵圈撐開。

當研究結束時，整個南瓜承受了超過五千磅的壓力，到這時候，瓜皮才因爲巨大的反作用力產生破裂。

他們取下鐵圈，費了很大的力氣才打開南瓜。它已經無法食用，因爲試圖想突破重重鐵圈的壓迫，南瓜中間充滿了堅韌牢固的層層纖維。爲了吸收充分的養分，以便於提供向外膨脹的力量，南瓜的根系總長甚至超

過了八萬英尺，所有的根不屈地往各個方向伸展，幾乎穿透了整個花園的每一寸土壤。

通常情況下，我們無法想像一個南瓜能承受如此大的壓力。相同地，一個人在順境中也無法想像自己到底能經受多大的挫折。假如南瓜能夠承受如此龐大的壓力，那麼人也一定能夠承受。生命的潛能永遠大於我們對它的估價！只要我們相信。

# 不能流淚就微笑

在美國艾奧瓦州的一座山丘上，有一間不含任何合成材料、完全用自然物質搭建而成的房子。裡面的人需要依靠人工灌注的氧氣生存，並只能以傳眞與外界聯絡。

住在這間房子裡的主人叫辛蒂。一九八五年，辛蒂還在醫科大學念書，有一次，她到山上散步，帶回一些蚜蟲。她拿起殺蟲劑爲蚜蟲去除化學污染，這時，她突然感覺到一陣痙攣，原以爲那只是暫時性的症狀，誰料到自己的後半生就從此變爲一場噩夢。

這種殺蟲劑內所含的某種化學物質，使辛蒂的免疫系統遭到破壞，使她對香水、洗髮水以及日常生活中接觸的一切化學物質一律過敏，連空氣也可能使她的支氣管發炎。這種「多重化學物質過敏症」是一種奇怪的慢性病，到目前爲止仍無藥可醫。

患病的前幾年，辛蒂一直流口水，尿液變成綠色，有毒的汗水刺激背部形成了一塊塊疤痕。她甚至不能睡在經過防火處理的床墊上，否則就會引發心悸和四肢抽搐——辛蒂所承受的痛苦是令人難以想像的。一九八九年，她的丈夫吉姆用鋼和玻璃爲她蓋了一所無毒房間，一個足以逃避所有威脅的「世外桃源」。辛蒂所有吃的、喝的都得經過選擇與處理，她平時只能喝蒸餾水，食物中不能含有任何化學成分。

多年來，辛蒂沒有見到過一棵花草，聽不見一聲悠揚的歌聲，感覺不到陽光、流水和風的快慰。她躲在沒有任何飾物的小屋裡，飽嘗孤獨之苦。更可怕的是，無論怎樣難受，她都不能哭泣，因爲她的眼淚跟汗液一樣也是有毒的物質。

堅強的辛蒂並沒有在痛苦中自暴自棄，她一直在爲自己，同時更爲所有化學污染物的犧牲者爭取權益。辛蒂生病後的第二年就創立了「環境接觸研究網」，以便爲那些致力於此類病症研究的人士提供一個窗口。一九九四年辛蒂又與另一組織合作，創建了「化學物質傷害資訊網」，保證人們免受威脅。目前這一資訊網已有五千多名來自三十二個國家的會員，不僅發行了刊物，還得到美國上議院、歐盟及聯合國的大力支持。

在最初的一段時間裡，辛蒂每天都沉浸在痛苦之中，想哭卻不敢哭。隨著時間的推移，她漸漸改變了生活的態度，她說：「在這寂靜的世界裡，我感到很充實。因爲我不能流淚，所以我選擇了微笑。」

當災難降臨，人可以努力迴避；如果迴避不了，可以抗爭；如果抗爭不了，就得承受；要是承受不了，就哭泣流淚；如果連流淚也不行，可能就只有一種選擇：絕望和放棄。可是，辛蒂不同，當她無法流淚時，她選擇了微笑！

看來，生活並非是我們想像的那樣已由上帝安排定局，如果你不喜歡，一切都可以改變！

# 我打碎了一扇玻璃窗

故事發生在一九五四年的歲末，那時，傑克只有十二歲。他是一個勤勞懂事的孩子，上學之餘，還給附近的鄰居送報紙，以此賺取他所需要的零用錢。

在他送報的客戶中，有一位慈祥善良的老夫人。現在傑克已經記不起她的姓名了，但她曾經給他上的一堂有價值的人生課，他依然記憶猶新。傑克從來都沒忘記過這件事，他希望有一天能把它傳授給別人，讓他們也從中得到助益。

在一個風和日麗的午後，傑克和一個小朋友躲在那位老夫人家的後院裡，朝她的房頂上扔石頭。他們饒有興味地注視著石頭像子彈一樣飛出去，又像彗星一樣從天而降，並發出很響的聲音。他們覺得這樣玩很開心、很有趣。

傑克又拾起一枚石頭，也許因爲那塊石頭太滑了，當他擲出去的時候，一不小心，石頭偏了方向，一下子飛到老夫人後廊的一面窗戶上。當他們聽到玻璃破碎的聲音時，就像兔子一樣從後院逃走了。

那天晚上，傑克一夜都沒睡著，一想到老夫人家的玻璃就很害怕，他擔心會被她抓住。很多天過去了，一點動靜都沒有。他確信已經沒事了，但內心的犯罪感卻與日俱增。他每天給老夫人送報紙的時候，她仍然微笑著和他打招呼，而傑克卻覺得很不自在。

傑克決定把送報紙的錢攢下來，給老夫人修理窗戶。三個星期後，他已經攢下七美元，他計算過，這些錢已經足夠了。他寫了一張便條，把錢和便條一起放在一個信封裡。他向老夫人解釋了事情的來龍去脈，並且說出了自己的歉意，希望能得到她的諒解。

傑克一直等到天黑才小心翼翼地來到老夫人家，把信封投到她家門口的信箱裡。他的靈魂感到一種贖罪後的解脫，重新覺得自己能夠正視老夫人的眼睛了。

第二天，他又去給她送報紙，這次傑克坦然地對她說了一聲「您好，夫人！」她看起來很高興，說了「謝謝」之後，就遞給傑克一樣東西。她說：「這是我給你的禮物。」原來是一袋餅乾。

吃了很多塊餅乾之後，傑克突然發現袋子裡有一個信封。他小心將信封打開，發現裡面裝了七美元紙鈔和一張彩色信箋。信箋上大大地寫著一行字：「誠實的孩子，我爲你感到驕傲。」

做了錯事是遺憾的，如果做了錯事還加以掩蓋，還挖空心思躲避譴責，那麼這就是更大的遺憾了。

人們願意諒解一個做了錯事的人，但絕不原諒一個掩飾錯誤的人。因為做錯事可能是無意的，但迴避譴責一定是有意的。

敢於懺悔和認錯的人是永遠值得尊敬的。

# 攀登一步的勇氣

一九八三年，伯森・漢姆徒手登上紐約帝國大廈，在創造了吉尼斯紀錄的同時，也贏得了「蜘蛛人」的稱號。

美國恐高症康復協會得知這一消息，致電「蜘蛛人」漢姆，打算聘請他做康復協會的心理顧問，因爲在美國，有數萬人患有恐高症，他們被這種疾病困擾著，有的甚至不敢站在椅子上換一只燈泡。

伯森・漢姆接到聘書，打電話給協會主席諾曼斯，讓他查一查他們協會裡的第一〇四二號會員情況。這位會員的資料很快被調了出來，他的名字叫伯森・漢姆，就是「蜘蛛人」自己。原來，這位創造了吉尼斯紀錄的高樓攀登者，本身就是一位恐高症患者。

諾曼斯對此大爲驚訝。一個站在一樓陽臺上都心跳加快的人，竟然能徒手攀上四百多公尺高的大樓，這確實是個令人費解的謎，他決定親自

去拜訪一下伯森·漢姆。

諾曼斯來到費城郊外漢姆的住所。這兒正在舉行一個慶祝會，十幾名記者正圍著一位老太太拍照採訪。原來伯森·漢姆九十四歲的曾祖母聽說漢姆創造了吉尼斯紀錄，特意從一百公里外的葛拉斯堡羅徒步趕來，她想以這一行動，爲漢姆的紀錄添彩。誰知這一異想天開的想法，無意間竟創造了一個百歲老人徒步百里的世界紀錄。

《紐約時報》的一位記者問她：當你打算徒步而來的時候，你是否因年齡關係而動搖過？老太太精神矍鑠，朗朗地笑著說：小伙子，打算一口氣跑一百公里也許需要勇氣，但是走一步路是不需要勇氣的，只要你走一步，接著再走一步，然後一步再一步，一百公里也就走完了。

恐高症康復協會主席諾曼斯緊接著問伯森·漢姆：你的訣竅是什麼？伯森·漢姆看著自己的曾祖母說：我和曾祖母一樣，雖然我害怕四百多公尺高的大廈，但我並不恐懼一步的高度。所以，我戰勝的只是無數個「一步」而已。

我們也許沒有能力一次就取得一個大成功，但我們可以積累無數個小成功。

一個小成功並不能改變什麼，但無數的小成功加起來就可以讓我們成為巨人。

# 和總統做一筆小生意

美國一位名叫喬治・赫伯特的推銷員，成功地將一把斧頭推銷給了總統小布希。布魯金斯學會得知這一消息，把刻有「最偉大推銷員」的一隻金靴子獎給了他。這是自一九七五年該學會的一名學員成功地把一台微型答錄機賣給尼克森以來，又一名學員登上如此高的推銷門檻。

布魯金斯學會創建於一九二七年，以培養世界上最傑出的推銷員著稱於世。它有一個傳統，在每期學員畢業時，設計一道最能體現推銷員能力的實習題，讓學生去完成。

克林頓當政期間，他們出了這麼一個題目：請把一條三角褲推銷給現任總統。八年間，有無數個學員爲此絞盡腦汁，可是，最後都無功而返。克林頓卸任後，布魯金斯學會把題目換成：請將一把斧頭推銷給小布希總統。

鑒於前八年的失敗與教訓，許多學員都知難而退。個別學員甚至認爲，這道畢業實習題會和克林頓當政期間一樣毫無結果，因爲現在的總統什麼都不缺少。再說即使缺少什麼，也用不著他親自購買。再退一步說，即使他要親自購買，也不一定正趕上你去推銷的時候。

然而，喬治．赫伯特卻做到了，並且沒有花多少功夫。一位記者在採訪他的時候，他是這樣說的：「我認爲，將一把斧頭推銷給小布希總統是完全可能的，因爲他在德克薩斯州有一座農場，裡面長著許多樹。於是我給他寫了一封信，我說，有一次，我有幸參觀您的農場，發現裡面長著許多矢菊樹，有些已經死掉，木質已變得鬆軟。我想，您一定需要一把小斧頭，但是從您現在的體質來看，這種小斧頭顯然太輕，因此您仍然需要一把不甚鋒利的老斧頭。現在我這兒正好有一把這樣的斧頭，它是我祖父留給我的，很適合砍伐枯樹。假若您有興趣的話，請按這封信所留的信箱，給予回覆……最後他就給我匯來了十五美元。」

喬治．赫伯特成功後，布魯金斯學會在表彰他的時候這樣說：金靴子獎已空置了二十六年，二十六年間，布魯金斯學會培養了數以萬計的推銷員，造就了數以百計的百萬富翁，這只金靴子之所以沒有授予他們，是因爲我們一直想尋找這麼一個人——他不因有人說某一目標不能實現而放棄，不因某件事情難以辦到而失去自信。

喬治・赫伯特的故事在世界各大網站公布之後，一些讀者紛紛搜索布魯金斯學會，他們發現，在該學會的網頁上貼著這麼一句格言：不是因為有些事情難以做到，我們才失去自信；而是因為我們失去了自信，有些事情才顯得難以做到。

# 推開一扇門並不難

從前，有一位國王，決定出一道題考一考他的大臣，以便從中選拔出智慧勇敢的人擔任國內要職。他把臣子們領到一扇奇大無比的門前說：「這是我們王國中最大的門，也是最重的門。請問，你們當中誰能把它打開？」

大臣們都知道，這扇門過去從沒打開過，所以，他們認爲這門肯定是打不開的。於是，一些大臣望著門不住地搖頭；另一些人則裝腔作勢地走上前去看一陣，但卻不動手，因爲他們不想當眾出醜；還有人甚至猜想，國王或許另有用意，所以，靜觀其變才是最穩妥的態度。

這時，有一位年輕的大臣向大門走了過去，只見他雙手猛力向大門推去，門被豁然打開了。

原來，這扇門本來就是虛掩著的，沒有鎖也沒有插栓，任何人都能輕易地推開它。

這個大臣最終得到了國王的獎賞，並獲得了重要的職位。

歌德曾說：「你若失去了財產，你只失去了一點兒；你若失去了榮譽，你就失去了許多；你若失去了勇敢，你就失去了全部。」許多人以為，人生的成功可能需要許多條件，其實只有勇敢就足夠了。

看看我們周圍吧，那些成功的人們並不比我們更有知識、更加聰明，他們和我們唯一的不同是：比我們更有冒險的勇氣。

# 自信的支柱

他是英國一位年輕的建築設計師，很幸運地被邀請參加了溫澤市政府大廳的設計。他運用工程力學的知識，根據自己的經驗，很巧妙地設計了只用一根柱子支撐大廳天頂的方案。

一年後，市政府請權威人士進行驗收時，對他設計的一根支柱提出了異議，他們認爲，用一根柱子支撐天花板太危險了，要求他再多加幾根柱子。

年輕的設計師十分自信，他說，只要用一根柱子便足以保證大廳的穩固。他詳細地通過計算和列舉相關實例加以說明，拒絕了工程驗收專家們的建議。

他的固執惹惱了市政官員，年輕的設計師險些因此被送上法庭。在萬不得已的情況下，他只好在大廳四周增加了四根柱子。不過，這四根柱子全部都沒有接觸天花板，其間相隔了無法察覺的兩公釐。

時光如梭，歲月更迭，一晃就是三百年。

三百年的時間裡，市政官員換了一批又一批，市府大廳堅固如初。直到二十世紀後期，市政府準備修繕大廳的天頂時，才發現了這個秘密。

消息傳出，世界各國的建築師和遊客慕名前來，觀賞這幾根神奇的柱子，並把這個市政大廳稱作「嘲笑無知的建築」。最爲人們稱奇的，是這位建築師當年刻在中央圓柱頂端的一行字：自信和眞理只需要一根支柱。

這位年輕的設計師就是克里斯托．萊伊恩，一個很陌生的名字。今天，能夠找到有關他的資料實在微乎其微了，但在僅存的一點資料中，記錄了他當時說過的一句話：「我很自信。至少一百年後，當你們面對這根柱子時，只能啞口無言，甚至瞠目結舌。我要說明的是，你們看到的不是什麼奇蹟，而是我對自信的一點堅持。」

# 哈克凱特大橋

已是午夜時分，喬治駕著車在德克薩斯州西部行駛著，又累又乏。當他看見路邊一塊牌子上寫著「加油／用餐」時，立刻停了車。

又一輛車停在外面，有兩個人走進來。「兩杯咖啡。」其中一個高個子對侍者說。

「有地圖讓我們查一查嗎？」

「我想是有的。」侍者一面應聲，一面端上咖啡，然後在電話機旁的一疊廢報紙裡找了起來。過了一會兒，他找到了，遞上去：「也許有點舊了。」

陌生人攤開地圖。高個子指著奧格蘭德河，搖著頭對夥伴說：「沒有橋也沒有渡口，沒有路通往墨西哥。」

侍者聽見了，馬上說：「我也許可以幫你們的忙。」

「怎麼走呢？」

「奧格蘭德河在位於哈克凱特鎮的地方，半年前造了一座橋。過了橋，往下走就是墨西哥了。」那侍者又在電話機旁尋了一會兒，然後說：「應該有最新的地圖，可惜這裡找不到。那上面標著哈克凱特大橋。」

「沒關係，有橋就行。」高個子喝完咖啡，與同伴一起走到門口。小聲嘀咕幾句後，他們突然轉過身，從口袋裡拿出槍，大聲嚷道：「蹲下，不准亂動！」

喬治和侍者只得照辦。他們打開抽屜，拿走了所有的錢，又將電話機扔到地上，拔了電話線，然後飛也似地衝進車子，消失在夜幕中。

喬治再看看侍者，他的臉色有點蒼白，但一回過神來就立即開始修理電話。五分鐘後，他找到了警方，告訴他們這裡發生的一切。「對，對，他們要去哈克凱特鎮。」

喬治搖了搖頭：「我簡直被他們給愚弄了，我還以爲他們是生意人呢！」

「起先我也給他們騙了，但當他們研究地圖時，我看見了高個子腰裡

的手槍皮套。」侍者說。

喬治有些氣憤：「你既然已經看見他們不是好人，爲什麼還要告訴他們哈克凱特大橋的事？我看警察抓住他們的機會實在太小了……」

「沒有……」

「沒有機會了，」喬治煩躁地說，「他們的車跑得太快了。」

侍者笑了笑：「我不是說沒有機會了，我是說哈克凱特根本沒有那座橋。等待他們的只有一條寬闊的大河！」

保護自己是需要技巧的。當你遇到潛伏的危險時，不能讓將要危及你的對象知道你已經意識到了危險，而是不動聲色地運用最隱秘的方式化解險境。就如這個聰明的侍者，先將劫匪引向「哈克凱特大橋」，然後再採取進一步的措施。

# 在鞋帶上動點小腦筋

形形色色的人來擦皮鞋，多數是友善和藹的，可是這個穿黑色外套的男人卻不同，凱特剛瞅他一眼就有這種印象了。他覺得他好面熟，但就是想不起來在哪裡見過面。

「孩子，你一個禮拜賺多少錢？」他問凱特，問話的語氣讓人感到是在揶揄。

凱特沒有回答他。他又繼續說話了：「我像你這樣的年齡時，已經賺了很多很多錢。」他兩眼不停地掃視四方，凱特卻一直回想在哪裡見過他。驀地，她想起來了，在郵局見過他的畫像，他是個逃犯，是警察要抓的人。

他說：「你知道，人們欠缺的是想像力，你擦皮鞋就是一種缺少想像力的工作。」凱特盡快擦他的皮鞋，只想越快擦完越好。他又說：「十

六歲時，我就賺了兩千五百美元。」

就在那時，凱特突然想起來，兩千五百美元？五千美元？或兩萬五千美元？凱特不能確定。但她知道，抓到這個人可以領一筆巨額的懸賞。可是，我又能如何呢？難道用鞋油罐子打他不成？像他這麼高大的人，可以一腳把我踩倒。凱特想，要是現在有人來就好了。

他繼續說：「除了要有想像力外，還要有敢於冒險的勇氣。其實，你可以在鞋帶鞋油之類的小本買賣上動點腦筋。」

突然，凱特看見戴利警官從街上走過來。說時遲，那時快，凱特把這個人兩隻鞋的鞋帶綁在了一起。他一看到戴利警官就說：「好了，孩子，我要走了。」

警官走到門窗時，凱特大聲叫了起來：「戴利警官，快來抓人哪！這個人是你們通緝的逃犯！」

「住嘴！」那個人咆哮道，凱特看到他手裡有支手槍。他想逃走，但是沒能跑掉。他摔倒在地上，跌了一個嘴啃泥。

幾分鐘後，戴利警官告訴凱特，她可以得到七千五百美元的賞金。

他說：「你眞聰明。」凱特不好意思地說：「啊！不是我聰明，是他提醒我的。他告訴我要有勇氣和想像力，可以在鞋帶鞋油之類的小本買賣上動動腦筋。你看，我只不過是在鞋帶上打了點主意而已。」

你難免會遇上壞人，他一定是狡詐的，那麼，你要比他更狡詐。一方面要和他不動聲色地周旋，一方面要細心尋找逃脫或制服他的機會。先不要揭穿他，那樣很危險，也不能任他擺佈，否則你會失去掌控能力。不要慌亂，因為壞人比你還要慌亂一百倍。

# 別具一格的撐竿跳

一九〇四年，奧運會在美國聖路易斯堡舉行。比賽正常進行著，但在撐竿跳高比賽時，卻發生了意外。

輪到日本運動員佐間代富士開始試跳。他沒有像其他人那樣飛奔衝向跳欄，而是從容不迫地慢慢走進沙坑，把手中的撐竿用力插進沙土裡，固定好以後，就順著竿子往上爬，一直爬到最高處，然後輕巧地翻過橫竿。

所有在場的人都看得目瞪口呆——怎麼會有這樣的撐竿比賽方法？全場噓聲一片。

裁判犯難了。因爲按照比賽規則，日本選手並沒有犯規：只要利用撐竿跨過規定高度的橫欄就可以了。然而經過裁判組的反覆討論，佐間代富士的成績還是被取消了。

佐間據理力爭，認爲自己可以這樣做。於是裁判組臨時補充了一項撐竿比賽規則，那就是，要求運動員必先要有一段助跑過程。

日本選手在第二次試跳時有了助跑動作。但跑到沙坑時他卻停住，然後抓住撐竿，順著竿子爬到最高的位置後再翻身滑下來。這一次他又取得了好成績，同時再一次引起全場的騷動。裁判不得不承認，他又一次鑽了規則的漏洞，按照修訂的規則，佐間代富士仍然沒有犯規。於是，裁判組再次召開緊急會議，確定撐竿比賽不僅要有助跑，並且不能交替使用雙手的動作。這項規則確定下來之後，一直延用到現在。

偉人製造規則，普通人執行規則——這似乎成了人類生存的慣例。但慣例並不是鐵律，我們為什麼不能挑戰？

規則都由人制定，這就注定它不是神聖不可侵犯的——我們為何不敢挑戰？

# 五美元的競拍

美國海關有一批沒收的腳踏車，政府決定將它們全部拍賣。

在拍賣會上，每次叫價的時候，總有一個十歲出頭的男孩喊價，他總是以「五美元」開始出價，然後眼睜睜地看著腳踏車被別人用三十、四十或五十美元買走。拍賣暫停休息時，拍賣員問小男孩，爲什麼不出較高的價錢競爭，男孩說，他只有五塊錢。

拍賣會又開始了，那個男孩還是給每輛腳踏車報出相同的競價，結果當然和先前一樣。一些觀眾也開始注意到這個孩子，他們開始關注事情的結局。

拍賣會就要結束了，這時，只剩下一輛腳踏車。不過，這一輛的確很棒，不僅車身光亮如新，還有十段桿式變速器、雙向手煞車、速度顯示器和一套夜間電動燈光裝置。

這輛車在拍臺上放好後，拍賣師向全場掃視了一遍，然後問道：

「誰先出價？」

這時，站在最前面，幾乎已經放棄希望的那個小男孩再一次叫道：

「五美元！」

拍賣師停止唱價，只是微笑著站在那裡。所有在場的人全部盯住這位小男孩，沒有人出聲，沒有人接著舉手。拍賣師唱價三次後，用力將拍賣錘砸在桌上，大聲說：「成交了！這輛腳踏車賣給這位穿白球鞋的小伙子！」

全場鼓掌。那小男孩拿出握在手中僅有的五美元，得到了那輛毫無疑問是世界上最漂亮的腳踏車。他的臉上終於流露出燦爛的笑容。

我們的生命中，除了「勝過別人」、「壓倒別人」、「超越別人」這些尋常的素質之外，是否也應該同時有「堅持自己」的決心呢？

如果你能堅持下去，總有一個時候，連上帝都會屈服。

你有沒有看見，人們願意把愛心無償地送給能堅持的人。小男孩得到的一半是自行車，另一半是來自別人的欣賞。

# 把鮮花送給對手

這是一場激烈的世界職業拳王爭霸賽。

正在比賽的是美國兩個職業拳手，年長的叫卡菲羅，三十五歲；年輕的叫巴雷拉，二十八歲。上半場兩人打了六個回合，實力相當，難分勝負。在下半場第七個回合，巴雷拉接連擊中老將卡菲羅的頭部，打得他鼻青臉腫。

短暫的休息時，巴雷拉眞誠地向卡菲羅致歉。他先用自己的毛巾一點點擦去卡菲羅臉上的血跡，然後把礦泉水灑在他的頭上。巴雷拉始終是一臉歉意，彷彿這一切都是自己的罪過。

接下來兩人繼續交手。也許是年紀大了，也許是體力不支，卡菲羅一次又一次地被巴雷拉擊倒在地。按規則，對手被打倒後，裁判連喊三聲，如果三聲之後仍然起不來，就算輸了。每次卡菲羅都頑強地掙扎著起身，每次都不等裁判將「三」叫出口，巴雷拉就上前把卡菲羅拉起來。卡菲羅被扶起後，他們微笑著擊掌，然後繼續交戰。

裁判和觀眾都感到吃驚，這樣的舉動在拳擊場上極爲少見。

最終，卡菲羅以一〇八：一一〇的成績敗給巴雷拉。觀眾潮水般湧向巴雷拉，向他獻花、致敬、贈送禮物。巴雷拉撥開人群，逕直走向被冷落一旁的老將卡菲羅，將最大的一束鮮花送進他的懷抱。

兩人緊緊地擁在一起，相互親吻對方被擊傷的部位，儼然是一對親兄弟。卡菲羅眞誠地向巴雷拉祝賀，一臉由衷的笑容。他握住巴雷拉的手高高舉過頭頂，向全場的觀眾致敬。

卡菲羅雖然敗了，但敗得很有風度；巴雷拉贏了，卻贏得十分大氣。

在自己失敗的時候，還能夠坦然為成功的敵手慶賀，表現出的是一種難得的寬容和自信；在自己勝利的時候，還熱情地給失敗的對手以鮮花，這是一種人格境界上的更大成功——無論哪一種，都需要真誠的勇氣。

# 穆律羅的驕傲

穆律羅是十七世紀西班牙最有名的畫家和貴族。在他眾多的奴僕中，有一名叫塞伯斯帝的青年人對繪畫有一種與生俱來的熱愛。每當穆律羅給學生上課時，塞伯斯帝就在一旁偷偷觀摩。

一天晚上，塞伯斯帝一時興起竟然在主人的畫室裡畫起畫來，以至於第二天早晨穆律羅和一群貴族朋友出現時，他都沒有發現。穆律羅並沒有驚動塞伯斯帝，而是靜靜地望著他筆下優美的線條出神。塞伯斯帝畫完最後一筆，才發現身後的主人，他慌忙跪下，懇求主人饒恕。在那個等級森嚴的年代裡，塞伯斯帝是可能因此而被主人處死的。

這件事馬上成了貴族們津津樂道的話題，就在他們紛紛猜測穆律羅會以何種方式嚴懲他的奴僕時，卻聽到了一個令人震驚的消息：穆律羅不僅給了塞伯斯帝自由，而且要收他爲徒。

這是當時的貴族們絕不允許的，他們開始疏遠穆律羅，也不再去買他的畫，人們都說穆律羅是個十足的傻瓜。

穆律羅對此卻不以爲然，他只是一笑：那些傻瓜怎能明白，塞伯斯帝將會是我穆律羅最大的驕傲？

事實果如穆律羅所言，在今天義大利的藝術館藏中，塞伯斯帝的作品與他恩師穆律羅的名畫被擺在同等重要的位置，而且都價值連城。人們只要提到塞伯斯帝，一定要提到穆律羅的名字。

義大利人是這樣看待這件事的：他們是十七世紀最傑出的兩位畫家，他們是師徒，都很偉大，那些說穆律羅是傻瓜而沒有買他畫的人，才是世上最大的傻瓜。

三百年後，一位歷史學家在寫到這個故事時，補充了兩點：事實證明，改變一個人命運的，往往是他自身的才華，而不是出身，塞伯斯帝證實了這一點；一個受後人尊敬的人，不僅僅因為他的傳世作品，更是因為他的人格和膽識，穆律羅正是如此。

# 在絕望中燃燒生命

二次大戰時期，在納粹集中營裡，一個叫瑪莎的猶太女孩寫過這樣一首詩：

這些天我一定要節省，雖然我沒有錢可節省
我一定要節省健康和力量，足夠支持我很長時間
我一定要節省我的神經我的思想我的心靈和我精神的火
我一定要節省流下的淚水
我需要它們安慰我
我一定要節省忍耐，在這些風暴肆虐的日子
在我的生命裡我有那麼多需要的
情感的溫暖和一顆善良的心
這些東西我都缺少

這些我一定要節省
這一切，上帝的禮物，我希望保存
我將多麼悲傷
倘若我很快就失去了它們

即使在隨時都可能死去的時候，瑪莎仍然熱愛著生命。她節省淚水，節省精神之火，用稚嫩的文字給自己弱小的靈魂取暖，用堅韌的希望照亮黑暗的角落。

很多人在絕望中死去，而這個當時只有十二歲的小女孩瑪莎，終於等到了二次大戰結束，看見了新生的曙光。

生活在陽光下的人們，沉浸在美好生活中的人們，我們有沒有想過節省一點什麼？在我們的心靈深處，能否經常看見一束火苗在跳動？

一個人，只要信念的火不熄滅，生命之火就會頑強地燃燒下去。

# 「韋博圖山」的由來

這個故事發生在中世紀的德國，那年是一一四一年。巴伐利亞公爵沃爾夫被困在了他的溫斯堡城中，城堡之外是斯瓦比公爵弗雷德里克及其兄長康納德國王的軍隊。

圍攻已歷時數月，沃爾夫知道，他只能投降了。信使開始在兩軍之間頻繁穿梭，投降的條款列出來了，條件被應允了，所有的安排都完備了，沃爾夫和他的軍官們準備將自己交給死敵。

但是溫斯堡裡的女人們還沒有打算放棄一切。她們給康納德國王送去口信，要求許諾保證溫斯堡內所有女人和兒童的安全，並且允許她們離開時，帶走她們雙手能夠帶走的所有東西。

她們的要求被准許了，接著，城堡的大門打開了。女人們走了出來——城堡外所有的人都對看到的一切大吃一驚：每個女人的腰都彎得低低

的，但她們手裡拿著的不是金子，也不是珠寶，而是緊緊抱著她們的丈夫。她們要救出她們的男人，不能讓自己的男人受到這支獲勝軍隊的報復。

康納德，這位仁慈的國王，據說被這一壯舉感動得流下眼淚。他立即向這些女人宣布，保證她們的丈夫有完全的安全與自由。接著國王與巴伐利亞公爵簽訂了和平條約，條約中的款項比公爵事先預想的要友善很多。因爲智慧的康納德國王知道，一個擁有愛心的群體是不會被征服的。

從此以後，溫斯堡更名爲「韋博圖山」。「韋博圖」在德語中的意思是「女人的堅貞」。

勇氣源於真愛，智慧也是一樣，溫斯堡的女人們用行動證明了這一點。什麼時候你有了「堅貞的愛」，什麼時候你就會變得勇敢，變得不可戰勝。

只有愛才可以激起最強大的責任感，強大的責任感可以讓一個人不顧一切。

# 覺悟

## 樸實無華的光芒

我覺得做一隻狗比做一個人好。人從小就得應付許多事情，做作業、考試、處理人際關係、體育競賽……多累！而作爲狗，只考慮餓了之後能在哪裡找到東西吃就行了。多好！偶爾我也孤獨，不過，那只是一閃而過的感覺而已。

# 陽光燦爛的早晨

一個陽光燦爛的早晨，垂垂暮年的富翁坐在他的豪宅門口，看著門前來來往往的行人。

富翁看到幾個年輕人說說笑笑地走近，他們的臉上還留著稚氣，質樸的衣著下透出無法掩飾的青春神采。

富翁想，如果我能回到他們那樣的年齡，即使只給我一年，我也願意獻出全部的財富。

年輕人也看到了富翁，他們在豪宅前漫步走過，禁不住連連感嘆。豪宅的大廳金碧輝煌，富翁的鑽戒在太陽下閃爍著迷人的光彩。

年輕人心想，要是能擁有富翁哪怕十分之一的財富，爲此付出任何代價都在所不惜。

年輕人走過之後，富翁感到很失落，他爲歲月的無情而絕望。

年輕人看到富翁擁有的財富之後，心裡很嫉妒，他們覺得上帝很不公平。

陽光燦爛早晨，富翁和年輕人的心情都很灰暗。

一個乞丐躺在豪宅牆外的馬路邊，因爲陽光很好，他把舊衣裳一件件拿出來，曬在路邊的樹枝上。

他瞇起雙眼，在燦爛的晨光中開始打盹。

他沒看見富翁，也沒看見年輕人。

他只看見了遍地陽光。

在這個世界上，聰明的人總會發現自己比別人擁有得更多，愚蠢的人總是覺得自己比別人擁有得更少。

所以，聰明的人總是快樂的，愚蠢的人總是在怨天尤人。

珍惜已經擁有的一切吧，像乞丐珍惜陽光那樣。

# 猶太人的請求

戰火的硝煙在奧斯忒里茲塵埃落定。拿破崙打算犒賞英勇善戰的各路將士。

「說說看，你們想得到什麼？我會給你們所想要的一切，勇敢的英雄們！」皇帝說道。

「請陛下送我一座城堡，讓我在那裡安度晚年！」一個波蘭人大聲說道。

「沒問題！」皇帝承諾。

「我是個農夫，希望你給我一片遼闊的土地！」一個可憐的年輕斯洛伐克人請求道。

「孩子，你會得到土地的！」

「我要個釀酒廠。」一個德國人說。

「好，給你一個釀酒廠！」拿破崙說道。

下面輪到一個猶太人。「陛下，請賜我一條鯡魚，如果你願意。」猶太人喃喃道。

「天哪！好，給他一條鯡魚吧。」皇帝聳聳肩膀說。

皇帝走後，大家問猶太人，爲什麼只要一條魚——他可是皇帝陛下呀！「走著瞧吧！」猶太人說：「你們要一座城堡，要農場，要釀酒廠——我敢說，皇帝給不了你們。我是個現實的人，我只要一條鯡魚，興許還能得到。」

那天晚上，猶太人就得到了他的鯡魚。至於城堡、農場、釀酒廠之類，結果只是一個空口承諾而已。

一條鯡魚怎麼也沒有一座城堡、一片農場和一家釀酒廠那樣誘人，但只有它是最可能得到的。我們常常因所求太多，結果連一點也得不到。我們經常被美麗的承諾所迷惑，因而失去理智，做出不恰當的選擇，最後只好兩手空空。

# 丹尼斯的眼鏡

老丹尼斯是一名木匠。一九四五年的一天，他正在趕著做一批板條箱，那是教堂用來裝衣服運到中國去救助孤兒的。幹完活回家的路上，丹尼斯伸手到襯衫口袋裡摸他的眼鏡，突然發現眼鏡不見了。他在腦子裡把這一天做過的事情重新回顧了一遍，然後他意識到發生了什麼：在他不注意的時候，眼鏡從襯衫口袋裡滑落出去，掉進了其中一只正在打釘子的板條箱裡。

他嶄新的眼鏡就這樣漂洋過海去了中國。

當時美國正值大蕭條時期，丹尼斯要養活六個孩子，生活非常艱難，而那副眼鏡，是他剛花了二十美元買來的。他爲又要重新買一副眼鏡的念頭煩惱不堪。「這不公平，」在沮喪的回家途中，他嘀咕道，「上帝啊，我一向對你忠誠，把我的時間和金錢都奉獻給你，可是現在，你看……」

半年後，抗日戰爭勝利，中國那所孤兒院的院長，一個美國傳教士，回美國休假。在一個星期天，他來到了丹尼斯所在的這所芝加哥小教堂。他一開始就熱忱地感謝了那些援助過中國孤兒的人們，「但最重要的，我必須感謝去年你們送給我的那副眼鏡。」他說，「大家知道，日本人掃蕩了孤兒院，毀壞了所有東西，包括我的眼鏡。我當時已經絕望了，就算我有錢，也沒有辦法重新配一副眼鏡。由於眼睛看不清楚，我開始頭疼。我每天做的第一件事就是向上帝祈禱：萬能的主啊，賜給我一副眼鏡吧！就在這個時候，你們的箱子運到了。當我的同事打開箱蓋，他們發現眞的有一副眼鏡躺在那些衣服上。」

院長停頓了許久，好讓自己的話音降低一些。然後，帶著眾人期盼的懸念，他繼續說道：「各位朋友，你們也許不相信，當我戴上那副眼鏡，我發現它就像是爲我量身定做的一樣！我的世界頓時清晰起來，頭也不疼了。我要感謝你們，是你們爲我做了這一切！」

人們聽著，紛紛爲這副奇蹟般的眼鏡而歡欣。但是他們同時也在想，這位院長肯定是搞錯了，我們可沒有送過眼鏡啊。在當初的援助物資目錄上，根本沒有眼鏡這一項。

只有一個人清楚這是怎麼回事。他靜靜地站在後排，眼淚流到了臉上。在所有的人當中，只有這個普通的木匠知道，上帝是以怎樣一種不同尋常的方式創造了奇蹟。

相信上帝，就應該相信奇蹟，因為他擁有無與倫比的力量。

然而，上帝所有的奇蹟都是通過人類有愛的手創造的，透過人類有愛的心傳播的。如果我們自己不願去創造奇蹟，上帝只怕也無能為力；如果我們擁有堅定的信念，即使上帝缺席的時候，奇蹟也會發生。

我們堅信上帝，我們也要讓上帝堅信我們。

# 花兒努力地開

有一個人突然想學畫，可是又猶豫不決，就去問他小學的老師：「再過四年，我就四十四歲了，可行嗎？」

老師對他說：「怎麼不行呢？你不學畫，再過四年也是四十四歲啊！」他想了想，瞬間開悟了，第二天就去藝術學校報了名。

一個朋友，幾年前跟人合夥做生意。不幸貨船突遇風浪，他們的財產和夢想也隨之墜入海底。經不起這個打擊，他從此變得萎靡不振，神思恍惚。

當他看到合夥人遭遇變故後依然如從前那樣無憂無慮時，就去問他原因。那人對他說：「你咒罵，你傷心，日子一天天過去；你快活，你歡樂，日子也一天天過去。你選擇哪一種呢？」

人就是這樣，當你以一種豁達、樂觀向上的心態去構築未來時，眼前就會呈現一片光明；反之，當你將思維困於憂傷的樊籠裡，未來就變得暗淡無光了。長此下去，不僅最起碼的信念和勇氣會泯滅，身邊那些最近最眞的歡樂也將失去。

對每一個人來說，那些如空氣一樣充塞在身邊的歡樂才是最重要的，它構成了我們生命之鏈上最眞實可靠的一環。如果你不用心抓住，它們就會一節一節地鬆落，歡笑怎麼能向下延續呢？

有一首詩寫道：「你知道，你愛惜，花兒努力地開；你不知，你厭惡，花兒努力地開。」花兒總是在努力地開，美好的日子也一天天地自然流逝，你是欣喜地度過每一天，還是痛苦地捱過每一日？

面對命運遭際，難道我們還不如一朵花嗎？

# 魯弗斯的金幣

在一間很破的屋子裡，有一個窮人魯弗斯，他窮得連床也沒有，只好躺在一條長凳上。魯弗斯自言自語地說：「我眞想發財呀，如果我發了財，我就做一個慷慨的好人……」

這時候，魯弗斯身旁出現了一個魔鬼。

魔鬼說：「我能讓你發財，我會給你一個有魔力的錢袋。」

魔鬼又說：「這錢袋裡永遠有一塊金幣，永遠都拿不完。但是你要注意，在你覺得夠了時，就要把錢袋扔掉，這時才可以開始花錢。」

魔鬼說完話就不見了，魯弗斯發現，身邊眞的有了一個錢袋，裡面裝著一塊金幣。

魯弗斯想：這些錢已經夠我用一輩子了。到了第二天，魯弗斯很餓，很想去買麵包吃。但是在他花錢以前，必須扔掉那個錢袋，於是便拎

著錢袋向河邊走去。可是來到河邊他又捨不得扔，於是又回來了。

魯弗斯又開始從錢袋裡往外拿錢。每次當他想把錢袋扔掉之前，總覺得錢還不夠多。日子一天天過去了。魯弗斯完全可以去買吃的、買房子、買最豪華的車子。可是他對自己說：「還是等錢再多一些吧！」

魯弗斯不吃不喝地工作著，金幣已經快堆滿屋子了。他變得又瘦又弱，臉色像蠟一樣黃。

魯弗斯虛弱地說：「我不能把錢袋扔掉，我要源源不斷的金幣……」

魯弗斯看起來已經有氣無力了，但他還是顫抖著手往外掏金幣。最後終於死在他的長凳上。

知足是最難得的品質，永無止境的貪慾會毀掉我們的一切希望。

金幣永遠都有，魔鬼永遠都有，慾望永遠都有，可惜，我們享受快樂的機會不是永遠有，我們可以享受快樂的時光不是永遠有。

扔掉錢袋吧，你已經足夠了……

# 喜劇大師和心理醫生

一九一四年夏天的那不勒斯城充滿了從未有過的快樂，著名的滑稽大師馬可尼，用他精采的表演使城裡的每個人都幾乎笑破了肚皮。然而就在這期間，心理醫生讓·肯特的診所裡卻來了一位神情沮喪的病人。他說：「大夫，我心裡憂傷極了，多年來，我不願見任何人，吃飯也沒胃口，每晚入睡都靠鎮靜藥的幫助。我懷疑我患了自閉症或其他什麼心理疾病，我希望您能給我一些指導。」

讓·肯特大夫聽了來者的敘述，說：「自從馬可尼來這兒演出，我的診所已經幾天沒有病人光顧了。我想，他們肯定是被馬可尼逗得忘了病痛。現在馬可尼還沒有走，我建議您去看看他的演出，也許他會使您快樂起來。」

患者臉上掠過一絲尷尬，他望著讓·肯特，無奈地說：「大夫，我

就是馬可尼。」

馬可尼是二十世紀二〇年代奧地利極富盛名的喜劇表演大師，讓・肯特則是義大利著名的心理醫生。據說，這次會面，對兩人的觸動都很大，讓・肯特關閉診所去了法國，馬可尼回到故鄉後便漸漸淡出了舞台。

一九五七年，一位醫生帶領一個法國康復旅行團去奧地利訪問旅行，在參觀維也納郊外的一座私人城堡時，他們得到了主人的熱情接待。他雖已九十四歲高齡，但精神矍鑠風趣幽默。他說，人是最笨的動物，各位客人來到這裡如果打算向他「學習」，那就錯了，應該向他家裡的其他成員——巴迪、賴斯和莫莉學習。

「我的狗巴迪不管遭受如何慘痛的欺凌和虐待，都會很快把痛苦拋在腦後，熱烈地享受眼前的生命，細嚼能找到的每一根骨頭；我的貓賴斯從不爲任何事發愁，它如果感到焦慮不安，即使是最輕微的情緒緊張，都會去睡一覺，讓不愉快的感覺盡快消失；我的鳥兒莫莉最懂得忙裡偷閒，即使樹叢裡有吃不完的東西，它也會經常停下來，站在枝頭唱一會兒——各位朋友，它們會讓你們不虛此行！不過，我要警告給你們帶隊的老傢伙，

不要再勸他們的病人去看馬可尼的演出了。」

他的話讓在場的人都笑了起來。這座私人城堡的主人就是曾經名噪一時的喜劇大師馬可尼，而那個帶隊的「老傢伙」，就是著名的心理專家讓．肯特醫生。

一九六三年，馬可尼去世，年已九旬的讓．肯特寫了一篇文章——《懷念我的朋友馬可尼》。在文章裡，他回顧了他們五十年的友誼，並且說，他之所以在心理學和大眾醫學研究方面能取得一點成就，完全得益於馬可尼一九一四年的那次造訪和一九五七年的那個忠告。

如果一個人是快樂的，他不看喜劇表演也同樣是快樂的；如果他不快樂，即使自己是喜劇大師也無濟於事。

快樂來自於心，就如腳上的鞋，有什麼感覺只有你自己最清楚。

如果想追求金錢，名譽和地位，你可以像別人一樣去做；如果是追求快樂，你只要按自己的方式做就行了。

# 一個乞丐的人生哲學

幾年前，攝影師傑佛遜搭乘長途汽車在美國的各城市間漫遊，爲他的攝影創作尋找素材。就在這次旅行的最後一站西雅圖市，他遇見了蘭迪．麥克理。

蘭迪大約有六七十歲，但看起來像已經超過了一百歲。他的披肩長髮灰白零亂，其間夾雜著頭天晚上在窩棚裡睡覺時沾帶的舊棉絮。他的衣服烏一塊紫一塊，渾身散發著酒精和尿汗的氣味。

傑佛遜遇見蘭迪時，他正站在西雅圖市中心的人行道上向路人乞討，他面帶微笑，雙手前伸。其實，他每天都這麼站著，人們從他的身邊來來往往，要麼沒意識到他的存在，要麼乾脆躲避著他。

儘管如此，蘭迪的臉上仍然掛著微笑，他的微笑是眞誠和令人愉悅的。那天，傑佛遜在一旁觀察了很久，他覺得蘭迪是一個很好的拍攝素

材，於是同他談了談，同意付他一些小費。他很痛快地答應了。

隨後的三天裡，傑佛遜一直躲在暗處拍攝蘭迪·麥克理的生活。他還同以前一樣，站在市中心熙熙攘攘的街口，伸出雙手，面帶微笑向人們討錢。

第三天下午，來了一位小姑娘，大約六七歲的樣子，穿著整潔合身的衣服，頭上梳著小辮。她走近蘭迪，從後面輕輕拽了拽他的衣角。蘭迪轉過身，小姑娘伸手將一個東西放到他的手心裡，剎那間蘭迪喜笑顏開。只見他馬上伸手從口袋中掏出什麼放進小姑娘的手裡，小姑娘也頓時興奮不已，歡蹦亂跳地向不遠處一直望著她的父母跑去。

這個情景是傑佛遜沒有料到的，他激動地連連按下快門，幾乎把其間發生的每一個細節都全部拍攝下來。當時他很想立刻從隱蔽處跳出來，看一看一個乞丐和一個小女孩究竟交換了什麼神奇的東西，但他最終還是努力地克制了自己。

當這一天的工作結束後，傑佛遜終於向蘭迪提起困擾了他一整天的問題。

「很簡單。她走過來，給了我一枚硬幣；反過來，我又送給了她兩枚。」傑佛遜感到很疑惑，問他爲什麼這樣做。蘭迪．麥克理攤開雙手解釋道：「我想告訴她：你付出了，你就會收穫得更多。」

連乞丐都懂得的道理，普通人卻不一定懂得。對於付出這種行為，我們只看得見「付出」，但看不見「收穫」。人們會問：我在「付出」的之後能「收穫」什麼呢？

如果你還沒有付出就想著收穫，可能真的什麼也收穫不了；如果你付出是心甘情願，根本沒想到收穫的話，那麼，你當即就開始收穫了，那就是「快樂」。

# 其實就這麼簡單

傑克在腳踏車修理店當學徒，有人送來一部有故障的腳踏車，傑克除了把車修好，還把它整理得漂亮如新。其他人笑他多此一舉，傑克卻保持沉默。過了一個星期，傑克就被修腳踏車的那個人請進了自己的公司。

**⊙原來出人頭地很簡單，吃點虧多做點事就可以了。**

有個小孩對母親說：「媽媽今天好漂亮！」母親問：「爲什麼？今天沒有什麼不同呀！」小孩說：「媽媽今天沒有生氣。」

**⊙原來擁有漂亮很簡單，只要不生氣就可以了。**

有個農場主人，叫他孩子每天在農場上辛勤工作，朋友對他說：「你不讓孩子如此辛苦，農作物一樣會長得很好的。」主人回答說：「我不是培養農作物，是在培養我的孩子。」

**⊙原來培養孩子很簡單，讓他吃點苦頭就可以了。**

有一家商店經常燈火通明，有人問：「你們店裡到底是用什麼牌子的燈管？怎麼那麼耐用？」店家回答說：「我們的燈管也常常壞，只是我們壞了就換而已。」

**⊙原來保持明亮的方法很簡單，只要常常更換就可以了。**

住在田邊的青蛙對住在路邊的青蛙說：「你那裡太危險，搬來跟我一起住吧！」路邊的青蛙說：「我已經習慣了，懶得搬了。」幾天後，田邊的青蛙去探望路邊的青蛙，發現牠已被車子碾碎在路上。

**⊙原來掌握命運的方法很簡單，遠離懶惰就可以了。**

有幾個小孩子很想當天使，上帝給他們一人一個燭臺，讓他們每天擦拭保持光亮。一天兩天過去了，上帝沒再露面，那些小孩就不再擦拭燭臺。有一天上帝突然造訪，幾乎每個人的燭臺都蒙上厚厚的灰塵。只有一個小孩，大家都叫他「笨笨」，即使上帝沒來，他也每天都擦拭，結果這個笨小孩成了天使。

**⊙原來成為天使很簡單，只要實實在在做事就可以了。**

有隻小豬，向神請求做他們的門徒，神欣然答應。剛好有一頭小牛由泥沼裡爬出來，渾身都是泥濘。神對小豬說：「去幫他洗洗身子吧！」小豬詫異地答道：「我是神的門徒，怎麼能去侍候髒兮兮的小牛呢？」神說：「你不去侍候別人，別人怎麼會知道你是我的門徒？」

**⊙原來要變成神很簡單，只要真心付出就可以了。**

有一支淘金隊伍在沙漠中行走，大家都步伐沉重，痛苦不堪。只有一人快樂地走著。別人問：「你爲何如此愜意？」他笑著：「因爲我帶的東西最少。」

**⊙原來快樂很簡單，擁有少一點就可以了。**

生活裡的種種不順心，並非因為有多少重要的大事沒有做好，而僅僅是因為我們沒去留意那些最簡單的小事情。

讓生活變得好一些是很簡單的，只需要做一點點事就行了；讓生活變得很糟糕，也是很簡單的，只是按相反的思路做一點點事就行了。

為什麼我們不去做一點點讓生活變得快樂的事情？

# 尋找鮮花的毛毛蟲

河堤的樹叢裡，有三隻毛毛蟲，它們是從很遠的地方爬來的。現在，它們準備渡河，到一個開滿鮮花的地方去。

一個說，我們必須先找到橋，然後從橋上爬過去。只有這樣，我們才能搶在別人的前頭，找到含蜜最多的花朵。

一個說，在這荒郊野外，哪裡有橋？我們還是各造一條小船，從水上漂過去，只有這樣，我們才能盡快到達對岸。

一個說，我們走了那麼多的路，已經疲憊不堪了，現在應該靜下來休息兩天。到時候，也許自然就有辦法了。

另外兩個很詫異。休息？簡直是笑話！沒看到對岸花叢中的蜜都快被喝光了嗎？我們一路風風火火，馬不停蹄，難道是來這兒睡覺的？

話未說完，一個已開始爬樹，它準備折一片樹葉，做成船，讓它把自己帶過河去。另一個則爬上河堤上的一條小路，它要尋找一座過河的橋。

剩下的一隻躺在樹蔭下沒有動。它想，暢飲花蜜當然舒服，但這兒的習習涼風也該盡情享受一番。於是，就鑽進一片樹林，找了一片寬大的葉子，躺了下來。

河裡的流水聲如音樂一般動聽，樹葉在微風中如嬰兒的搖籃，它很快就睡著了。

不知過了多少時辰，也不知自己在睡夢中到底做了些什麼，總之，一覺醒來，它發現自己變成了一隻美麗的蝴蝶。

它的翅膀是那樣美麗，那樣輕盈，輕輕扇動了幾下，就飛過了河。此時，這兒的花開得正艷，每個花苞裡都是香甜的蜜汁。它很想找到兩個伙伴，可是，飛遍所有花叢都沒有找到——因爲它的夥伴一個累死在路上，另一個被河水沖走了。

在這個世界上，沒有什麼比順其自然更具有力量；沒有什麼比順乎本性更富有智慧。

# 生活永遠有兩個選擇

傑里是一個永遠充滿快樂的人，他不僅自己生性樂觀，並且善於激勵別人。他有一套獨特的人生哲學，他堅信：任何時候人都有兩種選擇，那麼你應該去選擇積極的那一種。

一次，傑里遭人搶劫，腹部被三顆子彈擊中，他住進了醫院，很多人都爲他擔心，可是不久他便痊癒了。同事們關切地問他：「中彈的時候，你想些什麼呢？」傑里拍了拍同事的肩膀，哈哈一笑：「在那一瞬間，我想到我有兩個選擇，一個是選擇生，一個是選擇死，而我選擇了生。所以我認定我去的那家醫院，是全國最好的，那裡的醫療技術更是一流的。」傑里喝了點水繼續說，「可是，他們在手術時，好像是把我看成一個垂死的人。我向醫生們做了個鬼臉，使勁地喊了起來：「啊，我過敏呀！」當他們問我對什麼過敏時，我說：『我對子彈過敏！還對冷漠過敏！』醫生們都大笑起來，我的手術順利地做完了。」

一天，一個朋友問傑里：「我不明白，你怎麼可能一直都保持積極樂觀呢？你是怎樣做的呢？」傑里笑著回答說：「每天早晨醒來，我就對自己說：傑里，今天你有兩個選擇——你可以選擇一個好心情，也可以選擇一個壞心情。而我選擇了好心情；每當有壞事發生的時候，我可以選擇受害者的角色，也可以選擇主宰者的角色，而我選擇了後者；每當有人向我抱怨時，我可以消極地聽取抱怨，也可以給他們指出解除煩惱的方法，而我總是選擇主動幫助別人，向他們提出好的建議。生活永遠是由兩個選擇構成的，你要永遠選擇好的那一個。」

一個積極進取的人，必然會擁有一個絢麗而熱烈的內心世界，這個世界每時每刻都會產生巨大無窮的精神力量。

生活看起來沉重而複雜，但將它簡化為「兩種選擇」之後，一切都變得輕鬆了。

# 億萬富翁還抱怨什麼

有一位生活在費城的年輕人，整天唉聲嘆氣，愁眉不展，逢人便吐苦水：「我實在是太不幸啦！父母沒有給我留下遺產，我沒有別墅，沒有小汽車，甚至連到海邊度一次假的錢都沒有。」

一位老者對年輕人說：「我有辦法讓你很有錢，但必須用你所擁有的東西來交換。你願意嗎？」

年輕人高興地說：「我有什麼東西值錢嗎？如果有，你要什麼我都願意，只要你能讓我成爲富翁。」

「我出五十萬買你的一隻手，你願意嗎？」

「啊？一隻手？我捨不得手。我不願意！」青年人毫不猶豫地拒絕了。

「那麼，我用一百萬買你的一條腿，可以嗎？」年輕人又堅決地搖了搖頭。

「一隻眼睛呢？二百萬？」年輕人恐怖地直搖頭。

老者笑了：「你看，你現在至少已經擁有了三百五十萬，只是暫時還不想要這筆錢。年輕人，一個有手、有腳、有眼睛的人還怕沒有錢嗎？實際上，憑你所有的一切，你已經就是一位億萬富翁。一位億萬富翁還有什麼可抱怨的呢？」

聽完老人的話，年輕人怔了片刻，羞愧地走了。他悟出了一個道理：在這個世界上我們什麼都有了，如果我們不快樂，也許因為我們還缺少兩樣東西：一個是自足，一個是自信。

# 天堂的位置

在德克薩斯州的一所小學裡，一群天眞無邪的孩子經常向瑪琳娜老師詢問天堂在哪裡。爲了滿足孩子們的好奇和求知慾望，瑪琳娜老師請來了莫迪神父。

莫迪神父首先在黑板中間畫了一條線，把黑板分成兩邊，左邊寫著「天堂」，右邊寫著「地獄」。然後對孩子們說：「我要求你們每一個人分別在『天堂』和『地獄』下面寫下與你們的想像或期望相符的內容。」

孩子心目中的天堂就這樣呈現出來了：

花朵、歡笑、樹木、天空、愛情、陽光、詩歌、春天、音樂……

在「地獄」這一邊，孩子們寫下了這樣一些字眼：

黑暗、骯髒、惡魔、哭泣、殘殺、恐怖、仇恨、流血、醜陋……

等孩子們寫完之後，神父對他們說：「正如大家所知道的，天堂是具備了一切美好事物與美好心靈的地方，這個地方有人叫天堂，有人叫作天國，或者淨土，極樂世界。

地獄呢？正好相反，是充斥了一切醜惡事物與醜惡心靈的地方。那麼，有沒有人知道：人間在哪裡呢？」

孩子們說：「人間是介於天堂與地獄之間的地方。」

神父說：「錯了。」孩子們露出不可解的神色。

神父告訴孩子們：「人間不是介於天堂與地獄之間。人間既是天堂，也是地獄。當我們心裡充滿愛的時候，就是身處天堂；當我們心裡懷著怨恨的時候，就是住在地獄！」

如果人一直懷著醜惡的心態生活，無論他處在什麼環境，他的生活也是黑暗的，那麼，他就等於是地獄裡的人；如果一個人內心充滿了美好的品質，那他就是天堂裡的人。

如果在遠離我們人間的地方確有一座天堂，它也只是為那些心裡懷有天堂美景的人所準備的，唯有這樣的人才能到那裡享受上帝的嘉獎。

# 明天的樹葉不會今天落下

一個小男孩，家門前有幾棵大樹。秋天起風的時候，樹上的葉子就隨風飛到院子裡。於是，父親就交給他一項任務，要他每天上學前將樹葉打掃乾淨。

對他來說，天剛亮就起床打掃樹葉實在是一件苦差事。秋冬之際，樹葉好像互相約好了似的，總是不停地落下來。頭一天掃完了，第二天照常落滿庭院；剛剛清掃完，一會兒又落下幾片，似乎總是掃不淨。

後來，男孩從別人那裡得到一個好主意：掃地之前，先將樹使勁兒搖晃，這樣就可以將第二天的樹葉也搖落下來。這個主意令男孩興奮不已，於是他起了個大早，掃地之前使勁兒將院外的樹一棵棵搖了又搖。男孩累得滿頭大汗，這才發現搖樹比掃地還累。但他畢竟做了一件讓自己滿意的事，那一天他非常開心。

第二天，他高高興興地起床。誰知開門一看，院子裡依然是落葉滿地。男孩傻了眼，可他還是不死心，又去抱著樹搖了又搖。但無論今天怎樣用力，到明天清晨，還是會看到滿地的黃葉。

父親知道了男孩的煩惱，他沒有責怪兒子。他告訴他，每天都會有落葉，今天只落今天的樹葉，明天的樹葉只能在明天落下。男孩站在滿地落葉中，看著慈祥的父親，突然大徹大悟。

萬事都不可急於求成，做好今天的事情，就是對一生負責。

哈佛家訓／威廉・貝納德著；張玉譯. -- 一版
. -- 臺北市：大地, 2005〔民94〕
面；　公分-- （大地叢書；004）

ISBN 986-7480-21-X（平裝）　ISBN 986-7480-31-7（第2冊：平裝）

1. 家訓

193　　94000347

# 哈佛家訓 2

大地叢書 004

| | |
|---|---|
| 作　　者 | 威廉・貝納德 |
| 譯　　者 | 張　玉 |
| 創 辦 人 | 姚宜瑛 |
| 發 行 人 | 吳錫清 |
| 主　　編 | 陳玟玟 |
| 出 版 者 | 大地出版社 |
| 社　　址 | 114台北市內湖區瑞光路358巷38弄36號4樓之2 |
| 劃撥帳號 | 50031946（戶名　大地出版社有限公司） |
| 電　　話 | 02-26277749 |
| 傳　　眞 | 02-26270895 |
| E-mail | vastplai@ms45.hinet.net |
| 網　　址 | www.vasplain.com.tw |
| 美術設計 | 普林特斯資訊股份有限公司 |
| 印 刷 者 | 普林特斯資訊股份有限公司 |
| 一版三刷 | 2008年1月 |

大地

定　　價：200元